Andere Wesen

Theresia Heimerl

Andere Wesen
Frauen in der Kirche

styria premium

Inhalt

Vorfreude und Vorwarnung

> „Wichtiger als das Wesen ist die Freiheit
> und dies ist der Mensch eher als jenes."
>
> *(Johannes Chrysostomos, 4. Jh. n. Chr.)*

Frauen in der katholischen Kirche – das sind andere, fremde Wesen. Sie sind nicht unwesentlich. Im Gegenteil. Eine ganze Reihe an offiziellen kirchlichen Texten ist ihnen seit dem II. Vatikanischen Konzil zu einem guten Teil oder gar exklusiv gewidmet. Oder besser gesagt: Sie sind der Frau gewidmet. Dem Wesen Frau und dem weiblichen Wesen.

Frauen und Kirche ist ein leidiges und leidbehaftetes Thema. Viel zu viele Frauen in der Kirche haben sich daran abgearbeitet, sind oft genug dabei zerbrochen, sind wütend weggegangen, frustriert geblieben oder haben in vorgeschützter Gleichgültigkeit resigniert.

Nichts davon trifft auf die Autorin dieses Buches zu. Es ist kein Betroffenheitsbuch, da sie das Glück und vielleicht auch die Gnade hatte, niemals in voller Härte betroffen zu sein. Zunächst einmal durch die Gnade der späten Geburt, für den Jahrgang 1971 war vieles schon von anderen Frauen durchgekämpft und erreicht worden. Durch das Überwiegen an Begegnungen mit klerikalen und kirchenaffinen Männern, die Frauen im Allgemeinen und mich höchst persönlich nicht als anderes Wesen, sondern fordernde und zu fördernde Gesprächspartnerin wahrnahmen und so die Begegnungen mit jenen Männern, die zur Wesensfraktion gehörten, mehr als kompensierten. Durch die kritische Distanz und die vielfältigen anderen Perspektiven, die mir meine ersten Studien an der Geisteswissenschaftlichen Fakultät ermöglichten. Und ganz wesentlich durch die Chance, als Theologin an einer staatlichen Universität in einem von Rom nicht allzu reglementierten Fach und mit einem so gar nicht reglementierungssüchtigen, klerikalen Vorgesetzten arbeiten und mich habilitieren zu dürfen.

Ich gehöre zu den anderen Wesen, ohne mich als solches zu fühlen oder aus beruflichen Gründen als solches fühlen zu müssen. Diese Situation ermöglicht jenen Zugang, den die Ethnologie als „teilnehmende Beobachtung" bezeichnet: Man oder eben frau ist durchaus bei seinem bzw. ihrem Forschungsobjekt, nimmt an verschiedenen Veranstaltungen der Erforschten teil, in der Ethnologie Stammesriten, in der katholischen Kirche Fronleichnamsprozessionen im Talar oder Treffen mit Bischöfen und ähnlichen Vertretern kirchlicher Amtsmacht, weiß aber, dass er oder sie immer wieder zurückkann in das sichere Büro an der Uni. Teilnehmend aber auch, weil mir als Theologin mit katholischer Sozialisation die Kirche nicht egal ist und ich als Katholikin an ihr nicht nur per Einzahlung des Kirchenbeitrags teilnehme, sondern Teil bin.

Der Ansatz der teilnehmenden Beobachtung ist in diesem Buch streng genommen jener der teilnehmenden Lektüre. Denn, um dies gleich vorweg klarzustellen: Es geht um Texte, nicht um pastorale Praktiken oder Statistiken. Gegenstand und Leitfaden durch die vergangenen 50 Jahre sind offizielle kirchliche Texte, die sich mit dem Thema Frau(en) befassen. Beginnend mit einem kurzen Absatz aus der Enzyklika *Pacem in terris* von 1963 sind es allesamt lehramtliche Texte unterschiedlicher Art, denen eine gewisse Verbindlichkeit zukommt, ohne dass sie deshalb Dogmen wären. Warum Texte, die nicht einmal alle braven Theologen, geschweige denn nicht ganz so brave Theologinnen gelesen haben? „Null Relevanz für die Praxis", sagen Praktiker beiderlei Geschlechts off records. Kirche ist aber immer auch die Kunst, zwischen Text und Praxis zu vermitteln, und wo dies nicht gelingt, hat sie ein Problem – wie im Fall der Frauen. Es sind letztlich die Texte, an deren Anspruch Frauen in der Praxis oft genug scheitern und zerbrechen, weil sie ihm nicht gerecht werden können.

Die meisten Texte sind bereits historische Texte, die 1960er-Jahre für jemand meines Jahrgangs genauso Geschichte wie das Fin de Siècle oder die NS-Zeit. Und wie diese beiden Epochen wirken sie dennoch in unsere Zeit und vor allem in die Kirche hinein. Texte von *Pacem in terris* bis *Über die Zusammenarbeit von Mann und Frau* als historische Texte zu lesen, hat einen großen Vorteil: man sieht sie in einem zeitgeschichtlichen Kontext. Genau hier setzt dieses Buch methodisch an. Es hat den Anspruch, lehramtliche Texte über Frauen als Ergebnisse der Begegnung der Kirche mit der Welt des jeweiligen Heute von damals zu lesen. Freilich mit der nüchternen Prämisse, dass Begegnung, wenn es um das kirchliche Lehramt geht, niemals herrschaftsfreier Diskurs ist, sondern Konfrontation, Belehrung und Apologie. Dennoch ist es eine Begegnung, nicht selten auch ein Zusammenstoß mit der Welt „draußen" und daher ist eine methodische Grundvoraussetzung dieses Buches, vor der Auseinandersetzung mit den Texten in kurzen Schlaglichtern die profanen Kontexte bewusst zu machen. Da es wirklich kurze Schlaglichter sein sollen, wurde hierfür ein zugegebenermaßen ungewöhnlicher Zugang gewählt. Anstatt wissenschaftlicher Zeitgeschichte oder gewichtiger politischer Positionen erlaube ich mir, mit Zitaten aus der Populärkultur einzusteigen, genauer gesagt aus Film, TV und Popmusik. Nicht, weil ich den Konzilsvätern oder ehrwürdigen Päpsten von Paul VI. bis Benedikt XVI. unterstellen wollte, derartige Trivialitäten gesehen oder gehört zu haben (wiewohl dies nicht ausgeschlossen werden soll, und bei Franziskus I. wage ich sogar eine sanfte Unterstellung), sondern weil gerade die sogenannte Pop- oder Massenkultur, jeglicher kirchlichen Einflussnahme unverdächtig, besonders schön den Zeitgeist widerspiegelt, wie ihn nicht nur einige wenige Konservative oder Feministinnen wahrgenommen, sondern viele Menschen erlebt haben. Vor diesem Hintergrund relativieren sich erstaunlich rasch manche harsche Kritiken am Frauenbild der jeweiligen Texte oder werfen ein überraschendes Licht auf deren Progressivität. Manchmal. Manchmal lässt sich auch einfach nur der tiefe und sich vertiefende Graben zwischen der profanen Welt und der Welt lehramtlicher Texte konstatieren. Aber lassen Sie sich überraschen.

Vielleicht überraschend und unorthodox, für strenge Kollegen aus der Wissenschaft womöglich sogar häretisch, ist auch sonst die Herangehensweise zum Thema Frauen in der Kirche. Keine Sekundärliteratur zum Konzil, keine systematischen Begriffsbestimmungen, keine saubere Beweisführung gegen den recht eigenen Umgang dieser Texte mit biblischen Zitaten.

Dieses Buch ist ebensowenig die x-te wissenschaftliche Auseinandersetzung mit dem Konzil oder späteren kirchlichen Texten wie es eine Abrechnung aus persönlicher Betroffenheit ist. Es möchte vielmehr ein interessierter, kritischer, manchmal zynischer und hoffentlich unterhaltsamer Diskurs sein. Herrschaftsfrei ist er in meinem Fall angesichts der klaren hierarchischen Verhältnisse in jedem Fall. Ein Diskurs mit den Texten, der ganz bewusst von der Position der Autorin ausgeht: Nach dem Konzil geboren, katholisch-intellektuell aufgewachsen, zu einem guten Teil mit Menschen befreundet, denen die katholische Kirche im Allgemeinen und ihre Lehren zum Thema Frau genauso fremd sind wie das platonische Reich der Ideen oder sogar noch fremder; außerordentliche Professorin an einer katholisch-theologischen Fakultät an einer staatlichen Universität für ein Fach, das genau den hier erörterten Zugang für sich in Anspruch nimmt: Die Religionswissenschaft ist im Diskurs mit der Religion, sie ist sich dessen bewusst, dass sie zumindest bei gegenwärtigen Religionen nie vollkommen von außen betrachten kann, aber sie steht auch nicht mittendrin. Sie versteht die Aussagen einer Religion in ihrem historischen und kulturellen Kontext.

Aus dieser Position und Perspektive ist das Buch entstanden und erfolgt der Diskurs mit den Texten. Und noch ein Bekenntnis und auch eine Vorwarnung für so manche geistliche und weltliche Leser und Leserinnen. Dieses Buch ist ein klares Bekenntnis zur Postmoderne. Nicht nur, dass der Begriff des Öfteren und ohne Anführungszeichen verwendet wird. Die gern beklagte postmoderne Unübersichtlichkeit und Fragmentiertheit ist erstens vielleicht nicht nur postmodern (vgl. 1Kor 13,9), sondern der normale Zustand der Welt nach dem Sündenfall, und zweitens meines Erachtens der ertragreichste Zugang zu derart divergierenden und manchmal konvergierenden Parallelwelten, wie sie die behandelten Texte in ihrer jeweiligen Umgebung darstellen, ohne andere verdienstvolle Zugänge und Ansätze damit ausschließen zu wollen. Zu jeder Überlegung dieses Buches lässt sich mindestens eine Gegenthese finden, zu jedem Gedankengang ein alternativer Weg, manchem wird manches fehlen, anderes in anderer Perspektive abgehen. Und, ja, manche Überlegungen sind wirklich schräg – nicht jede und jeder muss sich auf sie einlassen.

Selbst wenn Frauen noch andere Wesen sind – sie sind immer ein sehr pluraler Plural. Für manche von ihnen werden die Überlegungen dieses Buches eine Zumutung sein: zu respektlos, zu wenig feministisch, zu feministisch, zu wenig historisch, zu wenig pastoral, zu persönlich, zu unpersönlich, zu viel Sex, zu wenig Sex, zu ... Das Buch ist vermutlich insofern geschlechtergerecht, als es nicht nur für manche Männer, sondern genauso Frauen eine Provokation sein kann und sein will.

Provokation heißt wörtlich „Hervor-/Herausrufung". Und das will dieses Buch auch sein. Ein Herauslocken aus befestigten Stellungen, aus selbst auferlegten Denkverboten, aus Selbstzufriedenheit und Resignation. Denn zu Ende ist die Diskussion um Frauen in der Kirche noch lange nicht. Was mit einem Absatz in *Pacem in terris* und fünf Kapiteln in *Gaudium et spes* begonnen hat, wird nicht mit *Instrumentum laboris* und der bevorstehenden Familiensynode enden. Gerade das Vorbereitungsdokument für diese Synode ist das beste Beispiel dafür, wie bruchstückhaft die Rede über Frauen mittlerweile in der Kirche geworden ist. Wie unübersichtlich und wenig harmonisch Bausteine aus den zuvor verfassten und hier behandelten Texten aneinandergefügt und um neue ergänzt werden – und wie viel sich verändert hat und wie viel mehr sich noch verändern kann als die vorhergehenden Texte, ja, selbst die erste Fassung von *Instrumentum laboris* aus 2014 erhoffen ließen. Und das ist gut so. Die Tradition und die Gegenwart sind kein abgeschlossenes Ganzes, sondern eine widersprüchliche Vielfalt – allein das offenzulegen macht *Instrumentum laboris* in beiden Versionen zu einem lesenswerten und wegweisenden Text. Erst in der Zusammenschau mit den anderen Texten seit 1963 offenbart sich aber, was manche Frau angesichts ihrer konkreten Situation in der Kirche bezweifelt: „Kirche und Frauen" ist ein dynamischer Prozess, dynamischer als fast alles andere in der Kirche. Gerade deshalb brauchte es lange die Beschwörung des überzeitlichen Wesens der Frau. Brauchte. Denn, so viel sei gleich vorweg verraten (und für alle, die sonst zum Ende blättern, um zu erfahren, wie es ausgeht): Mit *Instrumentum laboris* sind Frauen vielleicht noch etwas anders, aber keine Wesen mehr. Wesentlich sind sie trotzdem.

Wenn Sie also wissen wollen, was mit dem anderen Wesen Frau seit 1963 so alles passiert ist, sollten Sie von Anfang an lesen.

Sie können aber auch, ganz im Sinne des autonomen Lesers und der autonomen Leserin, dieses Buch kreuz und quer lesen, zumal es ja ziemlich kreuz und quer gedacht wurde, und sich jeweils jenes Kapitel heraussuchen, das ihrem Jahrgang und ihren Vorlieben oder Hasslieben am meisten entspricht.

In der Regel bedanken sich Männer bei ihren Frauen für die Unterstützung bei ihrer wissenschaftlichen Arbeit, soll heißen dafür, dass sie ihnen alle weltlichen Dinge vom Leib gehalten haben – wie es eben zu ihrem Wesen gehört(e). Mein Dank gehört meinem viel zu früh verstorbenen Vater, der mich nach der ersten Kirchenlehrerin, Teresa von Avila, benannt hat, weil er kein anderes Wesen, sondern eine intelligente, diskursfähige Tochter wollte. Mein Dank gehört auch meinem Sohn, der mit seiner Mutter trotz einiger traditioneller Wesensmängel sehr zufrieden und in der Lage ist, sich selbst aus dem Kühlschrank zu versorgen. Mein Dank dafür, dass sie Vorbild als Theologin unter nicht immer einfachen Männern und Frauen an der Universität gewesen ist, gehört der ersten Professorin an der Theologischen Fakultät in Graz, Professorin Anne Jensen, verstorben 2008. Und dann gehört mein Dank natürlich allen absichtlichen und unabsichtlichen Gesprächspartnern allerlei Geschlechts. Keine(n) von ihnen möchte ich hier oder in diesem Buch namentlich nennen, zumindest einer weiß aber, dass er ganz wesentlich gemeint ist.

Postskriptum: Dieses Buch ist nicht durchgehend geschlechtergerecht formuliert, aber hoffentlich dort, wo es darauf ankommt. Und als Postpostskriptum noch eine kleine Leseanleitung: Wie es sich gehört, werden die besprochenen kirchlichen Texte oft wörtlich zitiert. Der Einfachheit halber findet sich nach jedem Zitat eine Zahl, welche das jeweilige Kapitel im Dokument anzeigt. Die Dokumente selbst sind im Literaturverzeichnis angeführt.

Männergespräch

Anno 1964: James Bond lässt sich
am Pool von einer Blondine massieren.
Ein anderer Agent tritt zu ihm und
fordert ihn zum Gespräch auf.
James Bond schickt die Blondine mit
einem Klaps auf den Po und einem
Wort weg: „Männergespräch."

(Goldfinger, GB 1964)

Wer vom Frauenbild des II. Vatikanums spricht, muss fairerweise vom Frauenbild der Gesellschaft der Jahre 1960 bis 1965 sprechen. Die berühmten „Zeichen der Zeit" sind in der ersten Hälfte dieser Dekade in Sachen Frau noch, gelinde gesagt, konservativ und das, was man später als sexistisch bezeichnen wird. Ein Dialog wie der oben zitierte mit der dazugehörigen geschlechtsspezifischen Ikonografie (Mann mit behaarter Brust und Blondine) ist zwar vielleicht schon damals auf Celluloid gebrachte Männerfantasie, als solche aber weder analysiert noch in Frage gestellt. Wer heute unter 30 ist und Filme aus den 1950er- und 1960er-Jahren sieht, ist in einem Historiengemälde, das eine Welt von gestern widerspiegelt, uns ebenso fern wie das Fin de Siècle den Lesern von Stefan Zweigs gleichnamigem Werk, gerade auch in puncto Geschlechterrollen. Was heute in Ausstellungen, TV-Serien und Themenwochen von Möbelhäusern als „retro" begeistert, nämlich Frauen in geblümten Kleidchen am Herd (Ehefrau) und im Seidennegligé im Bett (Geliebte), beide auf den (selben) Mann wartend, war eine dauerhafte Realität, zu der neben klobigen Küchengeräten als angemessenen Geburtstagsgeschenken auch die rechtliche Abhängigkeit vom Ehemann, die notwendige Erlaubnis im Fall eheweiblicher Berufstätigkeit, Verbote von Herrenbesuchen im Zimmer junger Frauen und die Stigmatisierung lediger Mütter als gefallene Mädchen gehörten.

Das einleitende Filmzitat ist bewusst gewählt: Fernab katholischer Normen wurde ein Frauenbild zum Ideal erhoben und mittels der neuen Medien Film und Werbung entsprechend propagiert, in dem die männliche Hegemonie zunächst unhinterfragte Grundvoraussetzung war, um sich dann in junge Frauen auf dem Weg in die Ehe, Ehefrauen und Mütter, alte Frauen (und „alte Frauen" waren damals viel, viel jünger als heute) und böse Frauen, die keines von alledem sein wollten oder konnten, aufzuteilen. Selbst dort, wo die Schattenseiten dieser Frauenbilder thematisiert wurden, etwa im italienischen Neorealismo, etwas später in der Nouvelle Vague und vereinzelt sogar in deutschsprachigen Filmen, findet kein grundlegender Diskurs über die schematischen Rollen der Frauenfiguren statt. Es sind aus heutiger Sicht hochgradig sexistische Verhaltensweisen und Aussagen in einer Dichte vorhanden, wie sie kaum eine populäre Produktion mehr wagen würde – eine Sichtung von hochgelobten Filmen wie „Außer Atem" (Frankreich, 1960) unter diesem Gesichtspunkt lohnt sich allemal, selbst wenn sie ernüchtert. Frauen sind auf den Mann hingeordnet, von ihm materiell, intellektuell und emotional abhängig und oft genug nur schmückendes Beiwerk oder, um einen noch häufig zu nennenden mittelalterlichen Theologen zu zitieren, *adiutorium viri*, Hilfsmittel des Mannes, wenn auch dieser Status mit Petticoat und Dauerwelle behübscht wird. Die Ehe, im entsprechenden Konzilstext von 1965 einziger logischer Vorkommensort der Frau, ist genauso im gesellschaftlichen Diskurs dieser Zeit, weit abseits katholischer oder kirchentreuer Produkte der Populärkultur, Ziel und Daseinszweck jeder Frau, alles davor muss darauf hinarbeiten, den Richtigen zu finden – und dann folgt das lebenslängliche Happy End. Wo nicht, wird die unverheiratete Frau bestenfalls zum Running Gag wie Miss Moneypenny im oben zitierten „James Bond" oder aber zu einer jener devianten Frauengestalten, die Literatur und Film so gerne inszenieren. Femmes fatales, böse alte Hexen, Lolitas – sie alle zeichnen sich dadurch aus, dass sie eines nicht sind: treu verheiratet. Böse Mädchen kommen zu dieser Zeit nicht überall hin, bestenfalls werden sie gezähmt und landen in der Ehe oder im Gefängnis. Und selbst dort, wo zu dieser Zeit Ordnungen hinterfragt und alternative Lebensformen für Frauen als Ausbruch aus der bourgeoisen Dekadenz theoretisch angedacht werden: Ein Blick auf Simone de Beauvoir und ihre Biografie mit Sartre, ein weiterer Blick auf die Genossinnen im Gemeindebau und ihre Präsenz im politischen Leben der Genossen, und wir sind ganz schnell wieder beim Stichwort Männergespräch.

Und ja, wir sprechen noch immer über die profane Gesellschaft, fernab von Pfarrhäusern, theologischen Lehranstalten oder ehrwürdigen Konzilssitzungen. Wir sprechen über die Welt von heute – des Jahres 1965. Um den Übergang in das Konzil und seine Sicht der Frau etwas weniger abrupt zu gestalten, sehen wir uns auf dem Weg dorthin einen zweiten Film an, der nun wirklich die katholische Welt für ein katholisches Publikum der Jahre nach dem Zweiten Weltkrieg und vor dem Konzil reflektiert: „Hochwürden Don Camillo" (Italien, 1961). Frauen sind, so viel lässt sich für alle Don-Camillo-Filme sagen, Nebensache. Sie erhalten nur dann überhaupt eine Stimme, wenn sie Anlass für einen Konflikt zwischen Pfarrer und Bürgermeister werden, ansonsten sieht man sie still an den Rändern durchs Bild huschen. In der Regel sind die weiblichen Konfliktauslöser in die vorhin genannte Kategorie der ehewilligen jungen Frau einzuordnen, der in der Folge der Pfarrer oder der Bürgermeister oder beide gemeinsam zu ihrem Glück verhelfen. Auch alte Witwen als treue Kirchgängerinnen und fromme Ehefrauen (frömmer, als sie der erzrote Ehemann gerne hätte) gibt es. In „Hochwürden Don Camillo" gibt es aber noch etwas: eine Ehefrau, die aktive Kommunistin ist. Diese Abweichung von Ideal und Norm wird den Zusehern allein dadurch deutlich gemacht, dass sie Hosen trägt. Darüber hinaus nimmt sie am Männergespräch der lokalen Genossen teil und verpflichtet ihren Ehemann zur Sorge um Haus und Kinder. Die Lösung des Problems unter Beteiligung des Dorfpfarrers: Pfarrer und Ehemann überfallen die Genossin im Wald, ziehen ihr gemeinsam einen Sack über den Kopf und bestreichen ihr Hinterteil mit roter Farbe. Ein unterhaltsamer, populärer Film aus dem Jahr 1961.

Und in diesem Kontext erwarten wir von frommen Männern, die den größten Teil ihres Lebens in klerikalen Kreisen verbracht haben, ein Frauenbild, das von Geschlechtergerechtigkeit und Selbstbestimmtheit spricht? Die Antwort wird Sie überraschen.

Pacem in terris (1963)

Wer zum Thema Frauen und Konzil sucht, der oder die findet immer wieder zwei Dokumente: *Pacem in terris* von 1963, streng genommen kein Konzilsdokument, sondern eine päpstliche Enzyklika von Johannes XXIII., und *Gaudium et spes* aus 1965. Wer weitersucht, findet einen Absatz, der tatsächlich nur den Frauen gewidmet ist, nämlich in *Pacem in terris* und einen eigenen Artikel in *Gaudium et spes*, in welchem die Frau als Teil des harmonischen Eheganzen vorkommt. Dass diese beiden raren Fundstücke bis heute als Meilensteine gefeiert werden, sagt schon fast alles.

Aber wir schreiben die frühen 1960er-Jahre, und wenn der unterhaltungsbedürftige Teil der Bevölkerung Männergesprächen am Pool lauscht, kann ein einziger Absatz, der sich ernsthaft dem Thema Frau widmet, als bedeutungsvoll gesehen werden. Zumal dieser Absatz im Vergleich zu den allermeisten späteren Dokumenten erstaunlich unsentimental und frei von spirituell überhöhten Überlegungen Klartext spricht:

„... die allgemein bekannte Tatsache, daß die Frau am öffentlichen Leben teilnimmt, was vielleicht rascher geschieht bei den christlichen Völkern und langsamer, aber in aller Breite, bei den Völkern, welche als Erben anderer Überlieferungen auch andere Lebensformen und Sitten haben. Die Frau, die sich ihrer Menschenwürde heutzutage immer mehr bewußt wird, ist weit davon entfernt, sich als seelenlose Sache oder als bloßes Werkzeug einschätzen zu lassen; sie nimmt vielmehr sowohl im häuslichen Leben wie im Staat jene Rechte und Pflichten in Anspruch, die der Würde der menschlichen Person entsprechen." (41)

Nimmt man diesen Passus ernst, bedeutet er ein Ende der Männergespräche. Die Frau bleibt am Pool (oder Verhandlungstisch), um am öffentlichen Leben und damit an den wichtigen Entscheidungen und damit wiederum an der Macht teilzunehmen. Letzteres wird nicht nur nie gesagt, es ist geradezu ein Unwort in kirchlichen Schreiben zum Thema Geschlechterrollen, das mit einem sprachmagischen Tabu behaftet ist. Doch dazu später mehr. Allein die nüchterne Feststellung der weiblichen Beteiligung am öffentlichen Leben ohne Einschränkungen oder besondere Belange (Kinder, Erziehung etc.) sowie ohne Verweis auf männliche Begleitung oder Ergänzung, wie es später fast zur obsessiven Pflicht wird, ist bemerkenswert genug. Fast schon ironisch-verschmitzt liest sich die Begründung westlicher Emanzipationsgeschichte im 20. Jahrhundert als Resultat der Zugehörigkeit dieses Kulturkreises zum Christentum. Was soll hier angedeutet werden? Dass das Christentum schon immer Gleichberechtigung und Frauen in der Öffentlichkeit sehen wollte, aber leider erst jetzt die Zeit dafür gekommen ist? Oder aber, dass es im Christentum immer noch besser um den Status der Frau bestellt ist als in anderen Religionen? Ein etwas schlechtes Gewissen ob der Vergangenheit hat man dann aber doch: Früher, so darf man im logischen und sprachlichen Umkehrschluss folgern, wurde die Frau sehr wohl als Werkzeug gesehen (ja, tatsächlich: *adiutorium viri* heißt das bei Thomas von Aquin), als seelenlose Sache nicht, nur hat sie ihre Seele erst später bekommen als der Mann (auch bei Thomas, wem sonst). Noch viel später hat sie dann das Wahlrecht und damit die Möglichkeit zur Wahrnehmung der „Rechte und Pflichten im Staat" bekommen, nicht unbedingt immer zur Freude jener Parteien, die sich als christlich bezeichneten, aber das war dann wohl der Einfluss der unchristlichen Völker und ihres Erbes ...

1963 jedenfalls ist für die katholische Kirche die aktive Teilnahme der Frau an Staat und Gesellschaft selbstverständlicher Teil ihrer Menschenwürde. Keine Rede davon, dass es eine genuin weibliche Würde gebe, schon gar keine Rede von einem Wesen der Frau mit allen möglichen Besonderheiten. Die Autoren von *Pacem in terris* sind hier in ihrem Frauenbild dem populären Unterhaltungskino und wohl einem nicht geringen Teil der Bevölkerung eindeutig voraus.

Das einzige Problem, das sich retrospektiv ergibt: Die Formulierungen sind so allgemein gehalten, dass man sie mit einer gewissen Findigkeit bei all jenen Spezialfragen, auf welche sich ab 1968 das Thema Frau und Kirche konzentriert, umgehen kann. Oder schlimmer noch: Man kann gerade den Begriff der Würde gegen das Recht ausspielen, die Besonderheit Frau gegen die Allgemeinheit Mensch. *Pacem in terris* aber sieht das Thema Frau noch nicht als Spezialproblem, schon gar nicht als Infragestellung lehramtlicher Anthropologie, sondern als Teil des Versuchs, Gerechtigkeit und Menschenwürde möglichst umfassend zu etablieren und dabei das, was später als „Race, Class und Gender" bezeichnet wird, nicht zum Kriterium der einschränkenden Differenzierung werden zu lassen. Warum das bei Race und Class im Großen und Ganzen funktioniert – es gibt keine gesonderten Schreiben über die spezielle Würde und das unveränderliche Wesen verschieden pigmentierter Ethnien oder des Arbeiterstandes – und die Geschlechterrollen ein solches Problem werden, ist interessant nachzuverfolgen, optimistisch stimmt es für das Verhältnis von Frau und Kirche nicht immer.

Gaudium et spes (1965)

Anno 1965 sind Frauen andere Wesen. Vor allem aber sind sie Ehefrauen. In *Gaudium et spes*, für viele bis heute „das" Konzilsdokument, kommen Frauen als eigenständige Subjekte, das heißt nicht als bloße Ergänzung des Mannes, ein einziges Mal vor, und dabei wird ihre Teilhabe am öffentlichen Leben, wie sie 1963 gefordert wurde, im Bereich der Kultur bereits als sehr spezielle betrachtet: „Die Frauen sind zwar schon in fast allen Lebensbereichen tätig, infolgedessen sollen sie aber auch in der Lage sein, die ihrer Eigenart angemessene Rolle voll zu übernehmen. Sache aller ist es, die je eigene und notwendige Teilnahme der Frau am kulturellen Leben anzuerkennen und zu fördern." (61) Das kann man und frau durchaus unterschiedlich lesen, wie es in den folgenden Jahrzehnten dann auch geschehen ist.

Ansonsten findet, wer Frauen und Kirche in *Gaudium et spes* sucht, das Thema Mann und Frau in ehelicher Zweisamkeit. Idealerweise unterstellt man hier den Konzilsvätern ihrer Zeit weit im Voraus den Geschlechterrollendiskurs des 21. Jahrhunderts antizipiert zu haben und endlich nicht die Frau als alleiniges, weil unbekanntes Forschungsobjekt in den Mittelpunkt zu stellen, sondern Mann und Frau gleichermaßen zur Diskussion und in theoretischer wie praktischer Dependenz zu sehen. Tatsächlich spiegelt *Gaudium et spes* wohl aber den letzten Terminus ante quem: Jenes Zeitalter, als Frauen für die meisten Männer innerhalb der Kirche – und auch außerhalb – noch kein großes Problem und damit kein seitenfüllendes Thema waren. Es gibt sie eben selbstverständlich. Was aber nicht mehr selbstverständlich und deshalb ausführlicher Gegenstand der Pastoralkonstitution war, ist die Ehe.

„Polygamie, um sich greifende Ehescheidung, sogenannte freie Liebe und andere Entartungen entstellen diese Würde (erg.: der Ehe). Darüber hinaus wird die eheliche Liebe öfters durch Egoismus, bloße Genußsucht und durch unerlaubte Praktiken gegen die Fruchtbarkeit der Ehe entweiht." (47).

Eine Lektüre dieser einleitenden Passage anno 2015 führt zu einigen Erkenntnissen und Schlussfolgerungen: Erstens: Es war offenbar für die deutschsprachigen Übersetzer im Jahr 1965 kein Problem, den NS-Terminus „Entartung" für zwischenmenschliche Beziehungen zu verwenden, um das lateinische *deformatio* wiederzugeben. Zweitens: Die verwendete Terminologie ist wohl für viele Leser nur mehr mit Glossar entzifferbar – wer weiß schon noch, dass unter „freier Liebe" schlicht und einfach das unverheiratete Zusammenleben gemeint war und was sich alles hinter „unerlaubten Praktiken gegen die Fruchtbarkeit" verbergen könnte. Drittens: Polygamie, also wörtlich die Ehe mit mehreren Frauen zur selben Zeit, Scheidung und das Zusammenleben ohne kirchlichen Trauschein werden auf eine Stufe, eben jene der Entartung gestellt. Und viertens: Genuss und Ehe schließen einander aus.

Fast ist man versucht, nostalgisch zu werden, freie Liebe und unerlaubte Praktiken, das lässt doch noch Raum für Fantasien, anders als die mehrseitigen Gebrauchsanleitungen zeitgeistiger Hausfrauenpornos à la „Fifty Shades of Grey". Fast. Die Nostalgie weicht einer gewissen Ernüchterung, wenn man sich die Bedeutung derartiger Aussagen für kirchentreue Frauen und Männer vor Augen hält. Jenes Konzilsdokument, das sich eigentlich darum bemüht, die Kirche in Dialog mit der Welt von heute zu bringen, ja, mehr noch, sich dieser Welt zu öffnen und die kirchliche Lehre für sie zu adaptieren, erteilt gleichzeitig jeder intimen Begegnung außerhalb der Ehe eine kategorische Absage und allfälliger Verhütung gleich mit. *Extra matrimonium nulla salus* – außerhalb der Ehe kein Heil – unter dieser Grundprämisse spricht das Konzil über die Beziehung von Mann und Frau. Und nur unter dieser Prämisse und diesem Thema werden Frauen überhaupt besprochen. Wer nach Frauen im Konzil sucht, findet sie in der Ehe.

Trotzdem gelten diese Kapitel noch heute den meisten Theologen, auch den ihrem Selbstverständnis nach progressiven, als Meilenstein in der kirchlichen Lehre zu den Themen Sex und Frau. Sicher schwingt da bei einigen heimlich diese Nostalgie von damals mit, die Romantik der goldenen Sechzigerjahre, das Gefühl, als junger Theologe damals mit dabei und fortschrittlich gewesen zu sein, oder wenigstens als etwas jüngerer Theologe die Konzilsväter leibhaftig so verwegen über die freie Liebe reden gehört zu haben. Und ja, damals waren Männer in diesen Gesprächen noch unter sich. Als Frau Jahrgang 1971 fehlt mir dieser Zugang. Nachdenklich gemacht hat mich aber die fast idente Äußerung zweier älterer Kollegen der oben beschriebenen Kategorien, sprich halbwegs jung und ganz jung während des Konzils. „Du weißt ja nicht, wie es vorher war."

Wie es vorher war

War es vorher, vor den Kapiteln 47 bis 52 und dem II. Vatikanum, wirklich noch schlimmer in Sachen Ehe, Sex und Geschlechterrollen?

Wer Näheres wissen will, braucht nicht nur ein Glossar, sondern Lateinkenntnisse. Das im deutschsprachigen Raum verwendete Lehrbuch zum Thema, das Priestern bis zum Konzil als Grundlage für ihre Theorie und Praxis zur Ehe, insbesondere aber der Beratung der Eheleute in der Beichte diente, erklärt einiges. So zum Beispiel Ziel, Lage, Ort und Zeit des erlaubten Aktes, im Original: *„De liceitate actus coniugalis ratione circumstantiarum. § 1. De fine, § 2. De situ et loco, § 3 De tempore."* Oder das Übel des Genusses. *„De malitia luxuriae."* Oder überhaupt: *„Quomodo perficiendo"* – wie man den ehelichen Verkehr durchzuführen habe.

Die *Summa Theologiae Moralis* der Jesuiten Hieronymus Noldin und Albert Schmitt ist nicht nur eine abgründige Motivation, sein Latein aufzufrischen, sie ist vor allem ein Schlüssel zum Verständnis jener Passagen aus der Pastoralkonstitution *Gaudium et spes*, die am Anfang des kirchlichen Diskurses über Frauen stehen. Zunächst einmal die Sprache. Diese *Summa* ist weit entfernt von jeglicher Spiritualisierung der Ehe oder gar des ehelichen Verkehrs. Es geht wohlgeordnet zur Sache, immer schön logisch beginnend mit einer Definition, genaueren Erläuterungen, möglichen Fragen und Verirrungen. Die *Summa Theologiae Moralis* ist auf ihre Weise sogar über weite Strecken geschlechtergerecht formuliert, wenn auch ohne Binnen-I, dafür aber artig mit *„quod vir vel mulier"* (dass der Mann oder die Frau) oder *„utriusque sexus"* (beiderlei Geschlechts). Von der Besonderheit der Frau als weiblichem Wesen ist nur dann die Rede, wenn es entweder um biologische Sachverhalte geht (und dann in einer Detailliertheit, die kein Schulbuch bis in die 1980er-Jahre wagte) oder aber bei jenen Sünden, die eine spezifische Rolle der

Frau implizieren: Prostitution und Vergewaltigung. Erstere wird interessanterweise fast ausschließlich unter der Frage, ob die Staatsmacht sie denn erlauben dürfe, abgehandelt – sie darf natürlich nicht, sondern der Staat soll sich um die Erziehung der Jugend zur Keuschheit kümmern. Von den Beweggründen der Frauen ist ebenso wenig die Rede wie von ihrer speziellen Sündhaftigkeit, Prostitution ist Unzucht des Lohnes willen, wie die spröde deutsche Übersetzung des nicht minder spröden lateinischen Originals lautet. Vergewaltigung wiederum wird als Delikt gegen jede Frau angesehen, die *„immunis a peccato"*, also frei von der Sünde sei, wenn sie sich zumindest innerlich (!) dagegen gewehrt hat.

Ansonsten gilt so wie im profanen Leben: Die Frau ist Helferin des Mannes, auch bei der Sünde der Unzucht, und die Autoren suchen den schmalen Grat zwischen Verpflichtung zum ehelichen Gehorsam und Vermeidung der Sünde zu definieren, was bei seitenlangen Überlegungen zur Mithilfe der Ehefrau zur Onanie des Gatten latent parodistische Züge annimmt. Jegliche Art der Empfängnisverhütung (es gibt sogar ein lateinisches Wort für Kondom) ist natürlich strengstens verboten, die Beichtväter wussten aber nach dem Studium von Noldin/Schmitt bestens Bescheid, wonach sie die Bußfertigen fragen mussten.

So war die theologische Rede über die Ehe als Verbindung von Mann und Frau also „vorher", vor dem Konzil und den Artikeln 47 bis 52, in *Gaudium et spes*: Das eheliche Leben, ein steter Spießrutenlauf zwischen zentimetergenau vermessenen Grenzen von tolerierter, weil zielgerichteter Lust und der Sünde. Aber auch: eine extrem nüchterne Sicht beider Geschlechter als Rechtsobjekte, deren Handeln in *li-*

cet und *non licet*, in erlaubt und verboten, unterteilt wurde, unsentimental in einem Ausmaß, das heute wohl viele Priester als „verdinglicht" oder „versachlicht", beides natürlich Begleiterscheinungen der schlimmen Postmoderne, bezeichnen würden. Frauen als besonders schützenswerte Wesen oder auch nur als Teil einer Liebesgemeinschaft mit transzendenter Aufgabe, wie wir sie gleich in *Gaudium et spes* kennenlernen werden, gibt es schlichtweg noch nicht. Was jene in Ehren ergraute Konzilsgeneration meint, wenn sie von den Verbesserungen durch das Konzil gegenüber dem „Vorher" von Noldin/Schmitt spricht, ist die Entrechtlichung der Ehe zugunsten einer Theologisierung und Spiritualisierung. Was sie auch meint, ist der Wegfall all jener minutiösen Regeln im Umgang der Geschlechter, der eben alles bis zur berühmten Frage, ab wie viel Zentimetern Rocklänge über dem Knie die schwere Sünde begänne, umfasste – und zwar für die Haut zeigende Frau und den lüstern hinblickenden Mann. Das Konzil galt und gilt vielen als Befreiung von diesem spätscholastischen Korsett der Unzuchtsparagrafen.

Und so meint es Gaudium et spes

Endlich konnten das eigene Begehren und die sexuelle Vereinigung mit einer Frau als Teilhabe am Heilsgeschehen ohne nähere Klauseln verstanden werden. Aus männlicher Sicht, wohlgemerkt. Ich kenne keine Frau der heutigen Generation 70 plus, die so von der Befreiung durch *Gaudium et spes* schwärmt wie Männer. Das mag wesentlich daran liegen, dass Theologen damals Priester waren, die sich dann, von der theologischen Aufwertung der Ehe motiviert, laisieren ließen, das mag aber auch daran liegen, dass frau die entsprechenden Passagen schon damals eher als Männergespräch empfunden hat. Männer reden darüber, wie schön die eheliche Liebe für Mann und Frau doch sei. Frauen sind Teil eines harmonischen Ganzen, eben der Ehe. Und dort aber fallen die strengen Benimm- und Berührregeln von „vorher" zugunsten einer Theologie der Ehe, welche die Frauen zunächst einmal mitmeint, in weiterer Folge aber wesentliche Grundlage für alle weiteren kirchlichen Diskurse über Frauen wird.

„Die innige Gemeinschaft des Lebens und der Liebe in der Ehe, vom Schöpfer begründet und mit eigenen Gesetzen geschützt, wird durch den Ehebund, d. h. durch ein unwiderrufliches personales Einverständnis, gestiftet. So entsteht durch den personal freien Akt, in dem sich die Eheleute gegenseitig schenken und annehmen, eine nach göttlicher Ordnung feste Institution, und zwar auch gegenüber der Gesellschaft. Dieses heilige Band unterliegt im Hinblick auf das Wohl der Gatten und der Nachkommenschaft sowie auf das Wohl der Gesellschaft nicht mehr menschlicher Willkür. Gott selbst ist Urheber der Ehe, die mit verschiedenen Gütern und Zielen ausgestattet ist." (48)

So beginnen die Artikel zur „Heiligkeit von Ehe und Familie". Das klingt doch schon ganz anders als der Anfang der *Summa Theologiae Moralis* zum gleichen Thema:

„Der Gebrauch der Ehe besteht in jener Handlung der Gatten, welche von der Natur zur Bewahrung und Weitergabe des Menschengeschlechts eingerichtet wurde, d. h. in der fleischlichen Verbindung."

Gegenseitig zu schenken und anzunehmen, das ist doch wahre Gleichberechtigung, nicht dieser Gender-Wahn, kann man heute von jungen, charismatischen Kaplänen hören, deren Eltern zur Zeit des Konzils noch in der häuslichen Obhut der Mutter waren, wie es in *Gaudium et spes* formuliert wird. Aus dem angenommenen Geschenk der ehelichen Liebe wird aber rasch eine extrem hohe Verbindlichkeit, die direttissima zu Gott zurückreicht. Nicht, dass nicht auch vor dem Konzil die Ehe als Institutum göttlichen Rechts und dementsprechend ihre Unauflöslichkeit gegolten hätte. Die extreme Personalisierung und Emotionalisierung der Ehe bereits in diesen ersten Zeilen von *Gaudium et spes* gilt aber nicht mehr nur den unmittelbar Betroffenen, also den Ehepartnern, sondern auch Gott, dessen Anwesenheit als stiller Teilhaber wiederholt strapaziert wird.

„Eine solche Liebe, die Menschliches und Göttliches in sich eint, führt die Gatten zur freien gegenseitigen Übereignung ihrer selbst, die sich in zarter Zuneigung und in der Tat bewährt, und durchdringt ihr ganzes Leben; ja gerade durch ihre Selbstlosigkeit in Leben und Tun verwirklicht sie sich und wächst." (49)

Sehr schön. Aber was, wenn doch nicht? Einer der Knackpunkte der Familiensynode 2015, der Umgang mit geschiedenen Wiederverheirateten oder gar die Möglichkeit einer erneuten Ehe, scheitert in Wahrheit nicht an Mt 19,6 („Was aber Gott verbunden hat, das darf der Mensch nicht trennen."). Das wirkliche Problem in den Köpfen der Verantwortlichen, nach wie vor überwiegend klerikale Männer, ist die extreme Stilisierung der Ehe, wie sie mit *Gaudium et spes* beginnt. Dieses Problem betrifft natürlich Männer und Frauen. Und man muss der Pastoralkonstitution zugute halten, dass sie die hohen Anforderungen ausdrücklich an beide Geschlechter stellt. Aber in den genannten Männerköpfen und auch in der realen Soziologie wird das Problem Scheidung eben nicht in gleichem Maß bei Männern und Frauen verortet. Die gesellschaftlichen Entwicklungen, beginnend nur wenige Jahre nach 1965, eröffneten Frauen die Möglichkeit rechtlicher und wirtschaftlicher Autonomie und damit den Ausweg aus all jenen Beziehungen, wo das „Schenken und Annehmen" eher einseitig zu finden war und die zitierte „Selbstlosigkeit" zur ausschließlich weiblichen Tugend verengt wurde, wie wir es in den 1980er-Jahren in kirchlichen Texten lesen werden. Das Eheverständnis des Konzils ist der gut gemeinte Versuch, von der detaillierten Normierung des Ehelebens wegzukommen und ein fundamentales theologisches Verständnis der sakramentalen Verbindung von Mann und Frau zu etablieren – und diese so in die neuen Zeiten hinüberzuretten. Gut gemeint ist das Gegenteil von gut, sagt der gemeine Volksmund, und zumindest aus heutiger Perspektive ist da etwas Wahres dran. Bei näherer Betrachtung wird nämlich genau jener normativ-detaillierte Teil von Noldin/Schmitt und der dahinterstehenden Ehelehre hinübergerettet, der nur drei Jahre später, 1968, zum Anfang vom Ende der kirchlichen Diskurshoheit in Sachen Sexualität führen und ein Frauenbild etablieren wird, das in steiler Kurve von der Realität wegführt: Unmittelbar an die hohe Spiritualisierung der Ehe als Einheit von Menschlichem und Göttlichem anschließend, geht es wieder genau um jene Konkretion des Ehelebens, der schon die *Summa* von 1941 viele Absätze widmet: Der Verpflichtung zur Fortpflanzung oder, umgekehrt formuliert, dem Verbot der Verhütung.

„Wo es sich um den Ausgleich zwischen ehelicher Liebe und verantwortlicher Weitergabe des Lebens handelt, hängt die sittliche Qualität der Handlungsweise nicht allein von der guten Absicht und Bewertung der Motive ab, sondern auch von objektiven Kriterien, die sich aus dem Wesen der menschlichen Person und ihrer Akte ergeben und die sowohl den vollen Sinn gegenseitiger Hingabe als auch den einer wirklich humanen Zeugung in wirklicher Liebe wahren. Das ist nicht möglich ohne aufrichtigen Willen zur Übung der Tugend ehelicher Keuschheit. Von diesen Prinzipien her ist es den Kindern der Kirche nicht erlaubt, in der Geburtenregelung Wege zu beschreiten, die das Lehramt in Auslegung des göttlichen Gesetzes verwirft." (51)

Gut gemeint ist wirklich nicht immer gut. Kaum eine Theologiestudentin heute versteht ansatzweise, was denn eigentlich genau und warum verboten ist. Was hängen bleibt, ist eine seltsame semantische Kluft zwischen einem äußerst emotionalen Grundton und einer hart-normativen Sprache, die von objektiven Kriterien, dem Lehramt und dem göttlichen Gesetz spricht.

Wovon nicht gesprochen wird: Die geschlechtsspezifischen Folgen dieses Verbotes. Dass Schwangerschaften und Geburten Frauen mehr betreffen, ebenso die zumindest 15 Jahre danach, ist schlichtweg nicht am Radar der Konzilsväter. Ein einziges Mal (!) in dem gesamten Abschnitt über Ehe und Familie wird die Frau speziell angesprochen – das ist um ein Vielfaches weniger als in der vorkonziliaren Abhandlung über den Gebrauch der Ehe. Und an dieser Stelle, wie könnte es anders sein, geht es um ihre Rolle als Mutter:

„Zu ihrer Erziehung trägt die anteilnehmende Gegenwart des Vaters viel bei. Aber auch die häusliche Sorge der Mutter, deren besonders die jüngeren Kinder bedürfen, ist zu sichern, ohne daß eine berechtigte gesellschaftliche Hebung der Frau dadurch irgendwie beeinträchtigt wird." (52)

Vor allem der letzte Satz liest sich wie ein Orakel für alle späteren Diskussionen und ideologischen Positionierungen zum Thema Frauen-Kinder-Beruf, dessen volle Bedeutung anno 1965 wohl den wenigsten klar war, zumal die meisten Frauen ohnehin noch zu Hause waren.

Ein erstes Fazit, bevor es richtig losgeht

Bereits das II. Vatikanische Konzil bietet ein recht ambivalentes Bild, in dem sich jene zwei Zugänge zum Thema Frau abzeichnen, die fortan immer stärker voneinander unterschieden und schließlich beinahe einander gegenübergestellt werden. Zum einen gibt es ein klares Bekenntnis zur Gleichberechtigung der Frau in ihrem Streben nach Teilnahme am öffentlichen Leben als Teil der Menschenwürde. Zum anderen aber ist die Frau nur mitgemeinter Teil der Ehe und dort letztlich auf ihr Geschlecht reduziert.

All die „heißen Eisen" rund um das Thema Frau und Kirche, wie sie heute sattsam bekannt sind und von den Realistinnen unter „bis auf Weiteres nicht verhandelbar" abgelegt wurden, gibt es während des II. Vatikanischen Konzils noch nicht im Wahrnehmungshorizont der Konzilsväter, aber auch eines großen Teils der Gesellschaft. Wenn die Frauenfrage für Karl Marx – und in seinem Gefolge die Genossen in Europa – ein Nebenwiderspruch ist, dann ist sie für die Konzilsväter bestenfalls ein Nebenschauplatz in der Auseinandersetzung mit den kommunistischen Hauptwidersprüchen von Klassengesellschaft und Verteilungsgerechtigkeit

– vielleicht schwach reflektiert in Sätzen wie jenen über die wilde Ehe und freie Liebe.

Dennoch oder gerade deshalb beginnt mit dem II. Vatikanum und den Ausführungen über Ehe und Familie in *Gaudium et spes* die (post)moderne Problemgeschichte von Frau und Kirche. Gerade diese Pastoralkonstitution, sonst zu Recht viel gepriesen für eine grundlegende Auseinandersetzung mit der damaligen „Welt von heute", wie das Leitmotiv des Konzils lautete, und in manchen Bereichen sicher ein Meilenstein im Verständnis des Verhältnisses zwischen Gottesvolk und Lehramt, schreibt ein Bild von Ehe fest, das wenige Jahre später der Welt des neuen Heute nicht mehr standhält, aber gerade durch den hohen Grad der Theologisierung und Spiritualisierung der Ehe in Verbindung mit dem Festhalten an zentralen vorkonziliaren Rechtsbegriffen ein schwieriges Vermächtnis darstellt. Die Ehe als einzig legitimer Ort nicht nur von Sexualität, sondern auch der Frau im gesellschaftlichen Leben wird am Konzil in einem Ausmaß festgeschrieben, das weit über den gesellschaftlichen Konsens dieser Zeit hinausgeht. Wer sich der Ehe verweigert, verweigert sich der Teilhabe am göttlichen Heilsplan, und wer die Ehe beendet, sprich sich scheiden lässt, nimmt Gott einen Ort in der Welt, diesen Eindruck muss man und vor allem frau nach der Lektüre gewinnen, denn der Aufbruch aus der Ehe als einzig legitimer Lebensform neben dem gottgeweihten Ordensleben wird wenige Jahre später Frauensache. Und spätestens dann werden die Frauen Thema für die Kirche, wenn sie erkennen müssen, dass die in *Pacem in terris* versprochene gleichberechtigte Teilnahme an der Öffentlichkeit sich nicht unbedingt mit dem traditionellen Geschlechterrollenbild in

Gaudium et spes verträgt und erst recht, wenn Öffentlichkeit auch heißt, dass sie die von Männern gemachten Gesetze und deren Moral infrage stellen. Der Graben zwischen dem Anspruch allgemeiner Menschenwürde und einem besonderen Wesen „Frau" beginnt immer größer und sichtbarer zu werden. Die „Störungen des Gleichgewichts in der heutigen Welt", wie sie bereits einleitend im 8. Kapitel für alle Lebensbereiche und auch für die Beziehung von Mann und Frau konstatiert werden, sind nur erste Vorzeichen für eine größere Gewichtsverschiebung. Ob die Welt vor 1965 im Allgemeinen und in Sachen Frauen im Gleichgewicht war, ist eine andere Frage, die sich zum Teil wohl bei einem nostalgischen Kinonachmittag selbst beantwortet.

Mit der Eloge auf Ehe und Familie in einer vermeintlich modernen, theologischen Sprache werden die Weichen gestellt für alle weiteren Texte, in denen es um all jene Frauen geht, die von diesem Ideal aus Sicht kirchlicher Männer abweichen. Und noch etwas beginnt sich abzuzeichnen: Wenn von Ehe und Familie die Rede ist, geht es immer auch um Normen zur Sexualität. Aus diesen Normen zur Sexualität werden nur drei Jahre später Normen zur weiblichen Sexualität. Jede kirchliche Rede über Frauen ist auch männliche Rede über Sex, vor allem aber Rede über Ordnung und Unordnung. Denn mit 1968 ist die Welt endgültig in Unordnung und die Welt der Männer, die sich so redlich bemüht hatten, modern über Ehe und Familie zu sprechen, erst recht.

1968

Die Jahreszahl 1968 ist bereits popkulturelles Zitat genug. Was den Katholiken meiner Eltern- und Professorengeneration an der Theologischen Fakultät das Konzil war, war den Professoren der Geisteswissenschaft das Jahr 1968. Anno 1990 eröffnete sich mir, frisch an der Uni und mit wenig Wissen über die jüngste Zeitgeschichte gesegnet, ein etwas ambivalentes, mitunter humoristisches Bild von ergrauten oder kahl gewordenen Herren am Katheder vorne im Hörsaal, die davon schwärmten, wie grundlegend anders mit 1968 alles geworden wäre: der Zugang zur Literatur, der Zugang zur Uni und ihr persönliches Frühlingserwachen. Und wieder der Satz: „Sie wissen ja nicht mehr, wie es vorher war."

Vor 1968, das war auch in der profanen Welt eine *Summa Theologiae Moralis* mit engem Normkorsett und vielen Leichen im Bunker aus der NS-Zeit. Vor 1968, das konnte man der Litereraturliste wie den Erzählungen der Professoren entnehmen, herrschte Scheinmoral auf allen Ebenen, auch in Bezug auf die Beziehung der Geschlechter. 1968, so hörten wir, war ein Protest gegen die Verlogenheit der Elterngeneration, ein Streben nach Verwirklichung von Freiheit, Gleichheit, Brüderlichkeit, das seinen Ausdruck in nächtelangen Sit-ins und Love-ins fand. Und die Frauen? Die Professoren, die so farbenfroh aus ihrer revolutionären Jugend erzählten, waren allesamt Männer. Der einzige, dessen

Frau ebenfalls an der Uni lehrte, war ein Mediävist, der über seinen Lieblingsminnesänger und Wein redete, nicht über 1968. Der unbedarfte Eindruck einer 19-Jährigen zwischen den Hörsälen der Theologie und der Germanistik war, dass in beiden Fällen Männergespräche über die längst vergangene Jugend stattfanden, im geografisch und ideologisch links gelegenen Hörsaal mit mehr Sex, Drogen und Alkohol garniert, im rechten dafür selbsttherapeutisch nachbearbeitet. Und die Frauen? In den Hörsaalerinnerungen der 68er-Männer waren sie willige Gespielinnen, was dann mit reichlich Theorie aus der Literaturgeschichte unterfüttert wurde, wo sich zuhauf Beispiele der frigiden, weil unterdrückten bürgerlichen Frau finden ließen, von deren beengendem Vorbild man die Komilitoninnen von damals befreit habe. Ansonsten waren Frauenprobleme der schon zitierte marxistische Nebenwiderspruch, dem man sich bei der Revolution eben nicht ausschließlich widmen konnte. Dafür holte man sich an der Uni ab den 1980er-Jahren Assistentinnen, die Frauenforschung betreiben durften.

Dennoch: 1968 war, wiewohl von den Männern, die dabei waren, nicht so erinnert und vielleicht nicht intendiert, ein Wendepunkt für das Frauenbild in der Gesellschaft, wenn auch mit einer gewissen Zeitverzögerung und sozusagen als Sickereffekt, der erst so richtig in den 1990er-Jahren auch in vormals konservativen und kirchlich nahen Kreisen zu wirken begann. Mit 1968 geschah das, was *Gaudium et spes* offenbar bereits so sehr fürchtete, dass es davor warnte: Die gesellschaftliche Ordnung, die noch immer als natürlich und damit zugleich von Gott gegeben betrachtet wurde, geriet ins Wanken. Oder zumindest wurde der längst morsche

Sockel dieser Ordnung von jenen eingetreten, denen die Elterngeneration noch Treten und Schlagen als natur- und gottgegebene Erziehungsmittel hatten angedeihen lassen. Die Kinder der frühen 1960er-Jahre entlarvten ihre heile Welt mit der ondulierten Mutter im Pünktchenrock am Herd und dem strengen Vater mit Aktentasche als scheinheilig, als billige Papierkulisse, hinter der die Reste eines manischen Ordnungsdenkens seit 1945 nur langsam verrotteten. Für schlechtes Benehmen bei Tisch gab es in deutschen Familienfilmen der 1960er-Jahre schnell eine Ohrfeige für Kinder, deren Füße im Sitzen noch lange nicht den Boden erreichten – und für den ohrfeigenden Vater mit SS-Vergangenheit sollte es nichts geben?

Die Infragestellung der Hierarchien war zunächst eine Frage und Anklage zorniger junger Männer an autoritäre, alte Männer. Wenn aber die Hierarchie der alten Männer fällt, geraten gleichzeitig die durch sie tradierten Geschlechterrollenbilder als fixer Bestandteil der Hierarchie ins Wanken. In der Praxis rücken zunächst einmal die jungen Männer nach und ziehen mit Begeisterung jene Talare an, deren Muff sie an ihren Vorgängern so beklagt haben (mit eigenen Augen gesehen an der Universität Graz: kein Rektor hat Talar und Kette mit solcher Inbrunst getragen wie unser wildester Alt-68er).

Aber der Diskursraum für neue Geschlechterverhältnisse und -bilder ist mit dem Ende der alten Ordnung eröffnet und wird zunehmend von Frauen genutzt. Mehr noch als alle Theorien von der neuen Unordnung aber ermöglichte die Entdeckung der hormonellen Kontrazeption, besser bekannt als „die Pille", die endgültige Subjektwerdung der Frau in der

Öffentlichkeit. Bis dahin gab es im Grunde drei Möglichkeiten: Heiraten, schwanger werden und Kinder bekommen, was – außer in finanziell besonders wohlsituierten Kreisen – den weiblichen Aktionsradius deutlich einschränkte. Zweite Möglichkeit: Nicht heiraten und sexuell enthaltsam leben. Im Kloster angesehen, sonst eher als Lebensstil der Marke „alte Jungfer" belächelt. Und drittens: Nicht verheiratet sein und trotzdem Sex haben, mit dem Risiko einer Schwangerschaft und der folgenden sozialen Ächtung für Mutter und Kind. Für Männer galten aufgrund der Biologie und deren gesellschaftlichen Interpretation andere Spielregeln. Bis zur Pille. Mit der Pille konnten Frauen tun, was Männer schon immer getan hatten: ohne sichtbare Konsequenzen Sex haben. Die lustvollen Erinnerungen der Männer an 1968 und die Folgejahre wären ohne Pille wohl weniger lustvoll, weil sich mit der permanenten Angst schwanger zu werden bei Weitem nicht so viele Kolleginnen für ihre Love-ins gefunden hätten. Ironischerweise wurde erst durch eine biologische Erfindung der machtvolle Diskurs über die Biologie als hegemoniales System männlicher Wirklichkeitskonstruktion möglich – soll heißen: Erst durch die Möglichkeiten der Pille konnten Frauen sich soweit in der Gesellschaft und Wissenschaft etablieren, dass sie Gender, also die Differenzierung in biologisches und soziales Geschlecht oder sogar die Dekonstruktion des starren biologischen Geschlechts überhaupt, durchdenken und zumindest teilweise durchsetzen konnten.

Nüchtern betrachtet eröffneten sich mit der Pille im Kontext der gesellschaftlichen Veränderungen und Erosionen alter Hierarchien für Frauen erstmals realistisch und breitenwirksam Alternativen zu jenem Leben, welches das Konzil noch so blumig ausgemalt hatte: Die Ehe war nicht mehr die einzige Option und Mutterschaft keine Unausweichlichkeit mehr. Und damit wurden die Frauen zum Thema in der und für die Kirche.

Humanae vitae (1968)

„Männer sind Schweine. Vertraue ihnen nicht, mein Kind. Sie wollen alle nur das eine, weil Männer nun mal so sind."

So sang die deutsche Punkband „Die Ärzte" nicht ganz ohne Ironie im Jahr 1998. Diese Einleitung zu einem Kapitel über die Enzyklika *Humanae vitae* und ihre Konsequenzen für das Bild und Verhältnis von Frau und Kirche mag den einen oder die andere überraschen. Sollte es nicht jetzt endlich um die Frauen gehen? In der Tat war für mich, wie wohl für viele Theologinnen, die Enzyklika Pauls VI. zur hormonellen Kontrazeption vor allem eine Verweigerung alter klerikaler Männer gegenüber Frauen, über ihre Sexualität selbst bestimmen zu können. Eine erweiterte Sicht in Folge eines Perspektivenwechsels verdanke ich einem Studenten der Theologie. Als vor mittlerweile einigen Jahren in einer Lehrveranstaltung das Thema Frauen, Kirche und eben *Humanae vitae* auf dem Programm stand, meldete sich der junge Mann zu Wort mit der entrüsteten Frage: „Was ist das für ein Männerbild?" Das Zitat geht noch weiter und eröffnet besser als jede verbissene Erregung den Diskurs zu Frauen und Kirche in Folge von *Humanae vitae*. „Was ist das für ein Männerbild? Dass ich, kaum dass eine Frau die Pille nimmt, über sie herfalle?" In der Tat: *Humanae vitae* liefert einen ersten kurzen, aber bedeutungsvollen Einblick in ein Geschlechterrollenbild, das nun, ganz anders als noch *Gaudium et spes*, aber auch anders als vorkonziliare Abhandlungen à la Noldin/Schmitt, Männer und Frauen sehr unterschiedlich in den Blick nimmt und dezidiert geschlechtsspezifisch argumentiert. Während die ersten Kapitel der Enzyklika die bereits 1965 bekannten Argumente weiter ausbauen – Verantwortung der Eheleute im Schöpfungsplan etc. – wird unter der Überschrift „Ernste Folgen der Methoden einer künstlichen Geburtenregelung" zunächst noch geschlechtsneutral formuliert, dass die Pille eine Einladung zum Ehebruch und insgesamt zur „Aufweichung der sittlichen Zucht" (17) sein könnte. Was natürlich im Umkehrschluss heißt, dass eheliche Treue und sittliche Zucht bisher in der Angst vor Schwangerschaft begründet waren. Aber gut: Es geht nicht um die exklusive weibliche Unzucht. Warum, erfahren wir im folgenden Satz:

„Männer, die sich an empfängnisverhütende Mittel gewöhnt haben, könnten die Ehrfurcht vor der Frau verlieren, und, ohne auf ihr körperliches Wohl und seelisches Gleichgewicht Rücksicht zu nehmen, sie zum bloßen Werkzeug ihrer Triebbefriedigung erniedrigen und nicht mehr als Partnerin ansehen, der man Achtung und Liebe schuldet." (17)

Die Frage nach dem Männerbild, aber auch dem Frauenbild der Autoren der Enzyklika ist tatsächlich berechtigt. Es kommt diesen Klerikern offenbar nicht in den Sinn, dass a) Frauen auch auf bloße Triebbefriedigung aus sein könnten und ihnen das nun mit der Pille ebenso freistünde wie Männern seit Jahrtausenden, b) Männer ihr zivilisiertes Verhalten gegenüber einer Frau womöglich nicht nur durch die Angst vor einer Schwangerschaft begründen und dementsprechend ohne diese Angst sich der animalischen Lust hingeben und c) eine Beziehung, in der Achtung und Liebe wegfallen, sobald frau die Pille nimmt, selbst ohne hormonelle Kontrazeption nicht unbedingt dem Anspruch der Gegenwart Gottes aus *Gaudium et spes* entspricht.

Diese Deutung der Pille eröffnet ein interessantes Geschlechterrollenbild, das so gar nicht dem entspricht, was aus kirchenfernen Kreisen oft zu hören ist, nämlich die Zuschreibung der Sünde und des Bösen an die Frau. Liebe feministische Kolleginnen wie antiklerikale Männer und Studenten beiderlei Geschlechts mit gesunder Halbbildung aus dem deutschen Privatfernsehen – sie alle äußern, sobald die Rede auf Kirche und Frauen kommt, Sätze wie: „Die Kirche sieht die Frauen ja nur als böse Verführerinnen der armen Männer." Das war einmal. Das kirchliche Frauenbild der Dokumente nach dem II. Vatikanum spricht eine gänzlich andere Sprache. An keiner Stelle von *Humanae vitae* wird das Offensichtliche thematisiert: Dass Frauen mit der Pille die Möglichkeit zur selben sexuellen Freizügigkeit wie Männer erhalten. Dass Frauen mit der Pille unabhängiger von männlicher Macht über den weiblichen Körper werden. Dass die Pille den Frauen eine Lebensplanung abseits der Mutterschaft ermöglicht. Die einzige diesbezügliche Andeutung findet sich in der Einleitung, wenn von einem „gewissen Wandel in der Auffassung von der Persönlichkeit der Frau und ihrer Aufgabe in der menschlichen Gesellschaft" gesprochen wird. Aber ansonsten: Es wird immer an „die Eheleute" appelliert oder vor dem männlichen Trieb gewarnt.

Das Frauenbild von *Humanae vitae* ist eben nicht jenes der Frau als begehrendes Subjekt oder gar autonome Sünderin. Die Frau ist ein schutzbedürftiges Wesen, ganz auf die

Männer rund um sie angewiesen. Und diese, nicht die Frauen, werden in die Pflicht genommen. Zuerst und vor allem natürlich die Ehemänner: Von ihrer Frau keinesfalls die Einnahme der Pille zu verlangen, um sie nicht zum Lustobjekt zu machen – und natürlich auch, um erst gar nicht die Sünde der triebhaften Lust im Ehemann selbst aufkommen zu lassen. Der Staat und die Pädagogik (Erzieher) werden ermahnt, von der Jugend jeglichen Anreiz zur Lust, der man mit der Pille folgenlos frönen könnte, fernzuhalten. Geradezu nostalgisch klingen diesbezüglich die Sätze über die „modernen Massenmedien" und die durch sie drohende Verbreitung von „Pornographie in Schrift, Wort und Darstellung", da denkt man doch gleich an verbotene Heftchen für Erwachsene, die nur im braunen Papier überreicht wurden wie heute in vielen Ländern Alkohol und Zigaretten. Ein eigener Absatz gilt den „Männern der Wissenschaft", die sich bitteschön um die genauere Erforschung einer „sittlich einwandfreien" Geburtenregelung bemühen mögen, um Katholiken die Versuchung der hormonellen Kontrazeption zu ersparen. Die Ärzte sollen ihre gottlosen Kollegen überzeugen, nicht die Pille zu verschreiben. Und dann die Priester, die von der Sache in praxi nun wirklich nichts verstehen oder gar betroffen sein sollten (den Zölibat hat das Konzil ja doch nicht aufgehoben) – der Aufruf an sie ist ebenfalls nicht uninteressant: „Gebt an erster Stelle ihr bei der Ausübung eures Amtes das Beispiel aufrichtigen Gehorsams, der innerlich und nach außen dem kirchlichen Lehramt zu leisten ist." (28) Man kann darin eine indirekte Bestätigung der soeben geäußerten Annahme, Priester würden, im Unterschied zu den zuvor genannten Personengruppen, nichts von der Sache verstehen, sehen.

Oder aber man kann die ketzerische Überlegung anstellen, ob es womöglich Priester geben könnte, die bereits 1968 ihren Schäfchen in dieser Causa nicht unbedingten Gehorsam gegenüber dem Lehramt rieten und dementsprechend in die Pflicht zu nehmen waren. Oder, drittens, *Humanae vitae* wird hier zu genau dem gemacht, was es in Folge und mit allen Folgeschäden tatsächlich geworden ist: zu einem Prüfstein des Gehorsams die ganze Befehlskette hinauf. Die Eheleute gegenüber dem Rat der Priester, diese wiederum gegenüber den Bischöfen, die ebenfalls extra erwähnt werden, und deren „größte und verantwortungsvollste Aufgabe" (30) die Durchsetzung der Enzyklika ist, und dann natürlich alle zusammen gegenüber dem kirchlichen Lehramt. Der Appell hat nichts genutzt. Bei keiner der genannten Gruppen. Wie wir wissen, wurde *Humanae vitae* tatsächlich zum Anfang vom Ende des katholischen Gehorsams gegenüber dem Lehramt, und zwar von ganz „unten", bei den unmittelbar betroffenen Ehepartnern beginnend. Die Diskurshoheit in Sachen Sexualität und Fortpflanzung gehört ab 1968 nicht mehr der Kirche.

Was nicht nur, aber auch mit den Frauen zu tun hat. Die sogenannte Pillenenzyklika handelt inhaltlich vom Körper der Frau, ohne diese auch nur ein einziges Mal direkt anzusprechen. Ärzte, Wissenschaftler, Priester, Politiker, die klassischen Repräsentanten männlicher Hegemonie werden angesprochen, während über die Frauen gesprochen wird. Frauen und ihr Körper werden in *Humanae vitae* zur Projektionsfläche klerikaler männlicher Ängste, aber nicht etwa vor weiblicher autonomer Sexualität, sondern vor dem (eigenen) männlichen Trieb. Die doch einigermaßen überraschende Botschaft lautet: „Männer sind Schweine ... sie

wollen alle nur das eine." Und genau davor muss Frau beschützt werden.

Was ist das denn nun für ein Frauenbild, das sich in
einem solchen Männerbild spiegelt? Frauen sind eben nicht
die bösen Verführerinnen, als die sie Kirchenkritiker beiderlei Geschlechts so gerne sehen wollen, wenn sie vom „Frauenbild der Kirche" sprechen. Frauen sind schutzbedürftige Wesen, Opfer der männlichen Begierde, wenn diese nicht durch
die „sittliche Erziehung" auf der Basis kirchlicher Moral zu
Liebe und Achtung geführt werden. Kulturhistorisch Gebildete haben hier zweifelsohne ein Déjà-vu-Erlebnis. Dieses Frauenbild gab es natürlich schon vorher, vielfach dokumentiert
in literarischen Werken von Jane Austen bis Stefan Zweig. Es
ist das bürgerlich-viktorianische Konzept der Frau als „angel
in the house", wie es die Fachliteratur heute bezeichnet, von
der Frau als eben fragilem, schützenswerten Objekt, das vor
Männern so lange beschützt werden muss, bis es verheiratet
ist und dann eben durch den Ehemann vor anderen Männern bewacht wird. Mit wie viel Aufwand dieses Konzept
von Frauen umgangen und von Männern durch Lügen am
Leben erhalten wurde, lässt sich in der genannten Literatur
nachlesen. Die Frage ist aber in erster Linie: Was tut dieses
Frauenbild in einem lehramtlichen Dokument von 1968, lange nach Viktorianismus und Bürgertum des Fin de Siècle?
Besonders boshaft könnte man einfach vermuten, dass in der
katholischen Kirche eben alles wesentlich länger dauert und
so das Frauenbild des 19. Jahrhunderts erst nach der Mitte
des 20. Jahrhunderts zur Gänze angekommen ist. Ein klein
wenig stimmt das sogar. Bereits *Gaudium et spes* spiegelt den
ungleichzeitigen Flickenteppich unterschiedlicher Konzepte,

wenn es um die Ehe geht, und für das Frauenbild, das jetzt erst in den Fokus zu rücken beginnt, gilt dies noch viel mehr.

Humanae vitae spiegelt letztlich, wenn auch gewissermaßen um mehrere Ecken und dementsprechend verzerrt, die männliche Erkenntnis vom Ende der eigenen Hegemonie über den Körper der Frau und den Beginn weiblicher Autonomie wider. Diese wiederum zu denken oder überhaupt eine grundlegende Veränderung der Geschlechterverhältnisse zu denken, verängstigt zunächst einmal so, dass man am besten den Frauen sagt, sie sollten sich doch bitte weiterhin vor den bösen Männern fürchten, die ohne Angst, eine Frau zu schwängern, gleich noch böser werden würden. Die Frau als schutzbedürftiges Wesen ist eine Rückzugsfantasie, die es braucht, weil Frauen, zumindest im westlichen Teil der Welt, dies nicht mehr sind: abhängige, schützenswerte, schwache Wesen. Dabei wären Paul VI. und Johannes Paul II. doch genau das gerne gewesen: ritterliche Beschützer der bedrohten weiblichen Tugend – schade.

Schade für sie, nicht unbedingt für die Frauen, aber ein bisschen für die Kirche und ihre Mühen mit dem Thema Frau in den folgenden Jahrzehnten.

Goldene Jahre

„Golden Years – Some of these days,
and it won't be long,
gonna drive back down
where you once belonged."

(David Bowie, 1976)

Das erste Jahrzehnt nach bzw. mit der Pille, also die 1970er-Jahre, firmiert in der Geschichtsschreibung des Feminismus als „Goldene Jahre". Nicht zu Unrecht, wenn man bedenkt, welche gesellschaftlichen und rechtlichen Veränderungen in diese Zeit fallen. Erwerbstätigkeit der Frau ohne Zustimmung des Ehemannes, eine Bildungsoffensive, die besonders Frauen zu Gute kam – bis dahin galt häufig, was wir heute als Schauergeschichte der Dritten Welt kennen: Wozu Geld in Mädchenbildung investieren, die heiraten eh bald. Weiters kam es zur Reform des Scheidungsrechts, des Obsorgerechts für ledige Mütter und vieles mehr. Im angloamerikanischen Raum, aber auch in Frankreich und Deutschland entstanden verschiedene Ansätze feministischer Theorien, die mehr oder weniger auf die Pädagogik durchschlugen; an den Unis emanzipierten sich die jungen Frauen allmählich von den alten Lehrstuhlinhabern und mit viel Durchhaltevermögen von ihren jungen Konkurrenten, so diese sie nicht vorausschauend heirateten und zur Professorengattin alten Stils machten. Kurzum: Historisch betrachtet waren die 1970er-Jahre tatsächlich eine Zeit des Aufbruchs für Frauen. Was allerdings durchaus leichter war als heute, als frau fast bei null begann und ein Aufstieg selbst um nur zehn Prozentpunkte (egal in welchem Bereich) schon viel war. Diese ersten goldenen Jahre des Feminismus fielen natürlich zusammen mit den allgemeinen Folgen von 1968, sprich der Infragestellung tradierter Autoritäten und Herrschaftssysteme und einer Sympathie für Marx und seine Theorie bei all jenen, die gegen die faschistischen Altvorderen und, dank Eisernem Vorhang, weit genug weg von der kommunistischen Praxis waren. Und es kam zu ersten rechtlichen Liberalisierungen in Bezug auf alternative Sexualitäten oder, besser gesagt, es wurde deren strafrechtliche Relevanz nach und nach in Westeuropa abgeschafft.

Für die Autorin gilt für diese „goldene Zeit" allerdings in mehrfacher Abwandlung das berühmte Woodstock-Zitat: Wer sich daran erinnern kann, war nicht dabei. Ich war dabei, weil Jahrgang 1971 und dementsprechend frühkindlich geprägt. Ich kann mich zudem erinnern. Dabei war ich trotzdem nicht, was die historischen Dimensionen der Frauenbewegung und des Feminismus betrifft.

In der katholischen Reichshälfte Österreichs derselben Zeit war es schon irritierend genug, wenn nicht die Mutter, sondern der Vater bei Essenseinladungen mit der Dame des Hauses sich über die richtige Prozedur der Forellenzubereitung unterhielt – bei niemand anderem kochte der Vater statt der Mutter, schon gar nicht bei unseren Gastgebern. Auch sonst war die Geschlechterwelt noch irgendwie in jener Ordnung, wie sie *Gaudium et spes* in leuchtenden Farben geschildert hatte. Irgendwie. Scheidungsfamilien gab es, auch wenn über sie in katholischen Kreisen im Beisein von Kindern nur in Andeutungen gesprochen wurde. Diese „Scheidungswaisen" gingen vorzugsweise in die Privatschule eines Frauenordens, die als einzige Schule Nachmittagsbetreuung anbot, man begann sich zunehmend damit abzufinden, dass die halbwüchsigen Kinder beim Auserwählten des jeweils anderen Geschlechts übernachteten (alles andere wurde wirklich nur angedeutet, wenn die Minderjährigen schon im Bett waren), und man war auch als katholischer Elternteil froh, „dass es die Pille gibt". Berufstätige Mütter gab es vor allem in der Stadt und im gymnasialen Umfeld schon viele, die meisten waren Lehrerinnen oder hatten andere „für Frauen passende" Berufe. Diskussionen über Kirche und Geschlechterrollen gab es selbst in gebildeten katholischen Kreisen, wo über den Zölibat und die österreichische Lösung in puncto Pillenverbot, die *Mariatroster Erklärung*, ausnehmend gern und ausdauernd geredet wurde, nicht, allenfalls das Thema Mädchen als Ministrantinnen kam aufs Tapet, mit der durchaus österreichischen Antwort des Diözesanbischofs: „Wenn es sein muss, aber nicht, wenn ich in die Pfarre komme."

Kirche und Geschlechterrollen in den österreichischen 1970ern, das waren wöchentliche Streitrituale um die Frage, ob ein Mädchen in Hosen in die Kirche gehen darf. Nein, höchstens zur Maiandacht (eine subtile Ironie, die sich mir erst viel später erschloss), ansonsten war kind schon froh, das Dirndl verweigert zu haben. Und zahlreiche Frauen trugen tatsächlich noch Flechtfrisuren, nicht wieder, wie heute meine Studentinnen. Die Ideen der Frauenbewegung sickerten erst ganz langsam herein in die reale katholische Welt der österreichischen 1970er-Jahre und wohl auch anderer ähnlich soziodemografisch gelagerter Regionen Europas.

Und dazwischen? Zwischen dem Erleben und dem Lehramt? Nun ja. Es herrschte offenbar der große Kater nach 1968 – der gegenteilige zu jenem nach Woodstock, aber irgendwie im Grunde ähnlich. Es stellte sich heraus, dass nicht nur die weltliche, sondern auch die kirchliche Welt im westlichen Europa und in Nordamerika sich mit zunehmender Geschwindigkeit von den Ge- und Verboten des Lehramtes hinsichtlich dieses einen, kleinen, täglich einzunehmenden Punktes entfernte: Selbst bis dahin treue Katholiken und Katholikinnen – und hier ist die Geschlechterdifferenzierung tatsächlich angebracht – verweigerten den Gehorsam im Sinne von *Humanae vitae* oder stellten zumindest ihren Töchtern dies frei. Was in der Politik gerne als „Abstimmung mit den Füßen" bezeichnet wird, wurde in der Kirche zur Abstimmung mit dem täglichen Griff in die Hausapotheke. Das Problem dabei: Die Kirche ist keine Demokratie und es gibt eigentlich keine Abstimmung. Damit die Misere nicht ganz so auffiel und der offene Ungehorsam im allseitigen Interesse kaschiert werden konnte, kam es zu lokalen Kompromissvarianten wie der berühmten *Mariatroster Erklärung* in Österreich, die bis heute vielen in der Kirche als Zeichen pastoraler Klugheit und ortskirchlichen Mutes gilt. Auch Mut ist wahrlich relativ zu sehen. Ein Manifest des Widerstandes ist diese Erklärung aus der Distanz gelesen eher nicht, auffallend ist aber, dass die eigentliche Zielgruppe, die Frauen, hier nicht als Opfer männlicher Triebhaftigkeit erwähnt werden, sondern nur als medizinisch durch ihren weiblichen Körper und dessen Fehlbarkeiten arg beeinträchtigt.

In anderen Regionen und Konfessionen war diese Beeinträchtigung offenbar deutlich weniger ausgeprägt und man konnte sich sogar vorstellen, Frauen zu Priestern bzw. Priesterinnen zu weihen. Konkret hießen die Regionen Kanada, USA, Neuseeland, und die Konfession waren die dortigen Anglikanischen Kirchen. Diese Kirchen trennte aus römischer Sicht vor allem die Wiederverheiratung des geschiedenen Heinrich VIII. von England im Jahr 1534 von der einzig wahren Kirche, der römisch-katholischen. Zudem war die Weihe von Frauen der Ökumene und dem eigenen Verständnis des Priesteramtes nicht gerade förderlich, und so kam es zu intensiven Überlegungen, die in dem Dokument *Inter insigniores* mündeten. Dies war nach eigenem Bekunden die erste moderne Auseinandersetzung mit der Frage nach der Priesterweihe für Frauen – nicht aber die letzte.

Inter insigniores (1976)

Wer, wie vermutlich manche meiner Generation, aufgrund der größeren zeitlichen Distanz zuerst *Ordinatio sacerdotalis* aus dem Jahr 1994 gelesen hat, ist vom vergleichsweise moderaten, vergleichsweise nüchternen, eindeutig historischeren und sogar ein wenig defensiven Zugang des älteren Schreibens überrascht. Vergleichsweise. *Inter insigniores* hat natürlich das gleiche Ziel und den gleichen Inhalt: Eine Festschreibung der Unmöglichkeit der Zulassung von Frauen zum Priesteramt.

Als Ausgangspunkt erkennt man, völlig zu Recht, die Veränderungen hinsichtlich der „Stellung der Frau in der modernen Gesellschaft", so ein Teil der einleitenden Überschrift, die, anders als in späteren Texten, bis auf einen kleinen, aber bedeutsamen Nebensatz, gar nicht so schlecht und verderblich gesehen, sondern in ihrem Streben nach Gleichheit und Ende der Diskriminierung begrüßt wird, freilich unter der Bedingung, dass dann die Gesellschaft „nicht völlig nivelliert und einförmig, sondern harmonisch und in sich geeint" sei, „wenn die Männer und die Frauen ihre jeweiligen Veranlagungen und ihren Dynamismus in sie einbringen" (Einleitung). Man oder frau ahnt schon: Die jeweiligen Veranlagungen könnten sich auch auf die Amtsfähigkeit erstrecken.

Die Kirche, so wird in Folge erklärt, habe ohnehin stets Vorzeigefrauen wie die heilige Klara oder die heilige Teresa von Avila gehabt und außerdem Heerscharen von nicht genannten gottgeweihten Jungfrauen und Familienmüttern. Und, um den „noch höheren Forderungen" der Zeit zu entsprechen habe „auch der Heilige Stuhl ... in einige Ämter der Kurie Frauen aufgenommen." Kurzfassung: Wir tun ohnehin alles, was wollt ihr denn noch?

Was man oder hier wirklich frau noch wollen könnte, das haben bisher nur die Häretiker gemacht, die im Sinn der Ökumene nicht mehr so heißen, sondern „mehrere christliche Gemeinschaften aus der Reformation des 16. Jh. oder der nachfolgenden Zeit" (Einleitung) und eben die im gesamten Text nicht namentlich genannten Anglikaner in Übersee. Spätestens hier sollte klar sein, dass es nichts werden wird mit der Zulassung der Frau zum Priesteramt – wozu hat man sich all die Jahrhunderte abgegrenzt, doch nicht, um jetzt irgendwelche Unsitten zu übernehmen. Da aber „sogar mehrere katholische Theologen" genau dies ernsthaft erwägen, schreitet das Lehramt zur ausführlichen

Begründung dagegen, und zwar in zwei Schritten: Erstens aus der Tradition und zweitens im Licht des Geheimnisses Christi und der Kirche.

Ad erstens, der Tradition, ist *Inter insigniores* ausgesprochen ehrlich und gesteht, die Kirchenväter und mittelalterlichen Theologen hätten in dieser Angelegenheit „Vorurteile" gegen Frauen gehabt und „Argumente, ... die das moderne Denken nur schwerlich gelten läßt oder sogar mit Recht zurückweist" vorgebracht (1). Die Kritik früher feministischer Theologie oder auch aufmerksamer Theologen scheint in Rom angekommen zu sein. Diese Vorurteile und seltsamen Argumente ändern aber nichts an der Richtigkeit der Aussage der ehrwürdigen Kirchenväter: Nur Männer können zum priesterlichen Dienst berufen werden, alles andere war schon in der christlichen Spätantike Häresie, wie uns *Inter insigniores* mit Bestimmtheit, aber mangelnder historischer Genauigkeit wissen lässt. Nur den armen Paulus nimmt man ausdrücklich in Schutz: „Es besteht also kein Grund, ihn unfreundlicher Vorurteile gegenüber den Frauen anzuklagen", das mit dem Schleiergebot war schließlich nur eine der Zeit geschuldete „disziplinare Praxis". (4) Immerhin, andere Religionen hängen an solchen disziplinaren Praktiken, das Christentum aber schaut auf das Wesentliche und das Wesen.

Als wirklich entscheidend gilt jedoch das Verhalten Jesu, der keine Frau, nicht einmal seine verehrte Mutter unter die Zwölf berufen hat – und das, obwohl Jesus sonst entgegen den üblen patriarchalen Sitten seiner Zeit ein Frauenfreund war, wie sehr ausführlich anhand der einschlägigen Bibelstellen dargelegt wird. Im offenkundigen Hintergrund steht die bis heute oft geäußerte Theorie, dass die fehlende Berufung von Frauen durch Jesus eben dem zeitgeschichtlichen und tatsächlich äußerst patriarchalen Kontext geschuldet gewesen sei. Mittlerweile gibt es einige Laufmeter Bibliotheksregal zu dieser Frage und längst geht es nicht mehr nur um den zeitgeschichtlichen Kontext, sondern um Fragen der Überlieferung und des Verschweigens, des Tilgens und Umbenennens. Spannend, theologiegeschichtlich höchst verdienstvoll und wichtig, aber für den Zugang des Lehramtes, wie er auch in *Inter insigniores* sichtbar wird, völlig irrelevant. Denn, und damit sind wir schon bei zweitens, letztlich geht es nicht um historische „Evidenz" (2), sondern um das, was hinter dieser Tradition Jesu und der Apostel steht: Mannsein ist wesentlich. Alles andere, wie die ethnische Zugehörigkeit, die sogar explizit angeführt wird (4), ist akzidentiell, sprich eine unwesentliche Zutat, das Geschlecht aber bestimmt den Menschen derart, dass es durch alle Zeiten und Gesellschaften hin gleich bleibt, zumal die Geschlechterdifferenz seit der Schöpfung auf die Fortpflanzung hin geordnet sei (4). Die spielt zwar beim katholischen Priester ohnehin keine Rolle, aber das Stichwort Rolle behalten wir gleich für das zentrale Argument: Der Priester steht am Altar *in persona Christi* und Christus war zeit seiner irdischen Existenz ein Mann und womöglich darüber hinaus: „Christus war und bleibt nämlich ein Mann." (5)

Und wer dann noch immer nicht recht überzeugt ist von all diesen wesentlichen Argumenten, der wird in Kapitel 6 daran erinnert, dass die Kirche eine sehr spezielle Gesellschaft sei, in der die weltlichen Spielregeln nicht gelten, folglich auch nicht die in weltlichen Dingen begrüßte Gleichberechtigung.

Man versteht schon die Frauen, dass sie nach den gesellschaftlichen Diskriminierungen sich nun in der Kirche ebenso diskriminiert fühlen, aber die Frauen verstehen nun einmal das wahre Wesen des Priesteramtes nicht – und offenbar genauso wenig ihre eigentliche, dem weiblichen Wesen gemäße Berufung, mit welcher der Text dann schließt: „Ihre Aufgabe ist heute von höchster Bedeutung sowohl für die Erneuerung und Vermenschlichung der Gesellschaft als auch dafür, daß die Gläubigen das wahre Antlitz der Kirche wieder neu entdecken." (6)

Woraus wir schließen dürfen, dass Priester wiederum für diese Aufgabe gar nicht geeignet sind.

Was *Ordinatio sacerdotalis* aus diesem kurzen Ausblick an Wesensbestimmungen abzuleiten in der Lage ist, werden wir sehen. Im vorausschauenden Vergleich sei einmal festgehalten, dass *Inter insigniores* offenbar die (weiblichen) Stimmen der Zeit recht gut gehört und sogar in ihren Anliegen verstanden hat. Es nimmt ihnen diese Anliegen nicht einmal übel, es erteilt ihnen nur eine klare Absage.

Interessant und aufschlussreich weit über 1976 und den konkreten Anlass hinaus ist indes die Argumentationslinie, steht sie doch idealtypisch für den Problembereich Frauen und Kirche und dessen Ursache: Frauen sind andere Wesen und diese Andersheit ist dermaßen heilsrelevant, dass sie um jeden Preis bewahrt werden muss. Praktischerweise definiert sich die Andersheit durch ein Sample an in *Inter insigniores* noch unzureichend geklärten Eigenschaften, die sich bestens dazu eignen, Männer zu unterstützen, zu ergänzen, ihre Fehler wiedergutzumachen – nur zum öffentlichen und amtlichen Sprechen in der katholischen Kirche reicht es leider nicht. Zwar hätte sich schon beim Pfingstereignis der Heilige Geist auf allen niedergelassen, doch nur die Apostel hätten dann auch gesprochen (3).

Man kann *Inter insigniores* natürlich ganz profan als politische Entscheidung lesen, das zarte Pflänzchen der Ökumene lieber in Bezug auf Anglikaner und protestantische Denominationen eingehen zu lassen als jenes, das man gemeinsam mit den orthodoxen Kirchen gießt, oder auch als schlichte Überforderung mit den Umwälzungen der vergangenen zehn Jahre seit dem Ende des Konzils. Man oder frau kann in den elaborierten Überlegungen aber auch eine Grundentscheidung für das Wesen und gegen wesentliche Änderungen erkennen und als Basis für das Verständnis der Ängste vor jeglicher theoretischen und praktischen Wandelbarkeit der Geschlechter. Die goldenen Jahre des Feminismus sind in der katholischen Kirche vorüber, bevor sie ernsthaft begonnen haben, und man möchte die Frauen in aller verständnisvollen Höflichkeit wieder dorthin bringen, wo sie ihrem Wesen nach hingehören. *„... and it won't be long, gonna drive back down where you once belonged."*

Exkurs I:
UnWesentliche Anmerkungen

Frauen, so zeigen uns die lehramtlichen Texte seit dem II. Vatikanum, sind andere, spezielle Wesen. Was aber sind Wesen überhaupt? Zunächst, rein sprachlich betrachtet, die deutsche Übertragung eines altehrwürdigen philosophischen Begriffs, ohne den die abendländische Philosophie und Theologie nicht geworden wären, was sie heute sind. Wesen sind weiters eigentlich die vulgarisierte plurale Form eines Singulars, bei dem die grammatikalische Zahl aber wesentlich für seine Bedeutung in der Philosophiegeschichte ist, besonders für Frauen. Wesen ist schließlich weiters ein Begriff mit etwas spezieller Sprach- und Ideologiegeschichte im Deutschen und ein Substantiv, zu dem es ein Verb im alltäglichen Sprachgebrauch mittlerweile nur noch in der Vergangenheit gibt.

Das spezielle weibliche Wesen, wie es uns vorzugsweise in den lehramtlichen Texten aus dem Pontifikat Johannes Pauls II. mit Vorläufern bis zurück zum Konzil und Nachwirkungen bis in das 21. Jahrhundert begegnet, ist indes wissenschaftsgeschichtlich betrachtet ziemlich jung und bereits eine Hybride aus der mittelalterlichen Scholastik und dem bürgerlichen Geschlechterdiskurs der Aufklärung. Ein kurzer Ausflug in die Begriffs- und Philosophiegeschichte lohnt sich also, auch oder gerade weil diese ein reines Männergespräch ist.

Man kann natürlich immer mit Platon und Aristoteles beginnen. Da beide Altgriechisch denken und schreiben, ist das Wesen hier die *ousia* und mit dem Verb *einai* (sein) verwandt. Zunächst ist diese *ousia* eher praktisch gedacht der reale und rurale Besitz des Bauern (Herodot), bevor sich Platon seiner bemächtigt und in den gedanklichen Besitz der Philosophie überführt. Das platonische Wesen kennen manche wohl unter dem Begriff der Idee (*idea*), die losgelöst von aller irdischen Veränderbarkeit und Körperlichkeit im Reich der Ideen existiert. Ob es eine Idee der Frau gibt, erörtert Platon leider nicht, vielleicht aus persönlichem Desinteresse, sicher aber deshalb, weil geschlechtliche Körperlichkeit recht veränderlich ist und daher zu den Dingen gehört, über welche die Ideen erhaben sind. Aristoteles macht das Wesen, besser gesagt die *ousia*, zur Grundlage seiner Metaphysik, die wir mit dem *Historischen Wörterbuch der Philosophie* ganz brutal abkürzen: „Das Wesen ist die der Sache immanente, artmäßige Formbestimmtheit." Über das Wesen der Frau kann auch Aristoteles streng genommen deshalb nicht arg viel sagen, weil die Frau für ihn ein durch verschiedene

Umstände verhinderter und dementsprechend defizienter Mann ist – dazu aber dann mehr im Kapitel „Thomas von Aquin meets Judith Butler".

Im Christentum kommt der allzu wesenslastige Zugang zur Anthropologie zunächst einmal in die Kritik, weil er vor allem von den dualistischen Gnostikern verwendet wird, um den Spielraum menschlicher Entscheidung zu minimieren, was sich streng genommen mit der christlichen Lehre von der freien Entscheidung für Gott und das Gute nicht besonders verträgt (so streng hat man es dann in der Theologiegeschichte nicht immer genommen), zusammengefasst in dem bereits einleitend zitierten Diktum des griechischen Kirchenvaters Johannes Chrysostomos: „Wichtiger als das Wesen ist die Freiheit, und dies ist der Mensch eher als jenes." Das Wesen verwendet die frühe Theologie trotzdem oft und gerne, vor allem in den diffizilen Bestimmungen der Beziehungen zwischen den Personen der Dreifaltigkeit (spätestens an diesem Punkt geben die meisten Theologiestudierenden auf und glauben das Ganze einfach) und auch sonst in der Übernahme der antiken Philosophie, wobei beim Weiterdenken im Lateinischen der eine oder andere kleine sprachliche Verständnisfehler passiert, wie das schon zitierte *Historische Wörterbuch der Philosophie* süffisant dem heiligen Augustinus nachweist. Wir aber gehen mit den Fachbegriffen *essentia* und *substantia*, beide wesentlich für die Wesenslehre, ins Mittelalter – allerdings ohne etwas über das Wesen der Frau, weder auf Griechisch noch Latein erfahren zu haben, dafür werden die hohen Begrifflichkeiten nicht verwendet, obwohl man sonst durchaus über Frauen und Kirche nachdenkt.

Sinnvollerweise setzen wir daher gleich mit Thomas von Aquin ein und damit, wenn es um Frauenfragen geht, erst wieder mit Aristoteles. Als Theologiestudentin in den 1990er-Jahren lernte man von Thomas von Aquin vor allem zwei Bereiche kennen: Die Lehre von *esse, ens* und *essentia* in der Metaphysik und seine Aussagen über die Frau als *mas occasionatus* (missglückter Mann) und *adiutorium viri* (Hilfsmittel des Mannes) – in der Regel den ersteren Bereich beim Professor für Philosophie und den letzteren in der feministischen Theologie. Die wirkliche Erkenntnisleistung bestand darin zu verstehen, dass diese beiden Themen ursächlich miteinander zu tun haben. Gemäß der Lehre vom Sein, der Ontologie, erhält alles das Sein (*esse*) von Gott.

Dieses Sein kann aber nur in dem Maß aufgenommen werden, in welchem es das Wesen zulässt, es gerinnt sozusagen (große Entschuldigung an den Kollegen aus der Philosophie, man sagt das natürlich nicht so flapsig) zur jeweiligen *essentia*. Und diese wiederum wird im Deutschen seit dem Spätmittelalter bei Theologen, die auch auf (Spätmittelhoch-)Deutsch denken und schreiben, als Wesen wiedergegeben, als Erstes übrigens bei Meister Eckhart, der sich gar nicht so gut für esoterische Kalendersprüche eignet wie viele meinen. Das Wesen ist also das spezifische Sein, die jeweilige Form des *esse* in einem Geschöpf. (Gut, man kann sich ebenso mit anderen Dingen beschäftigen, aber diese Gedankenkonstruktionen haben etwas Smartes, ich wäre ihretwegen fast Mediävistin geworden.)

Ah ja: Und bei Thomas von Aquin steht dann, dass das Wesen der Frau in ihrer Mütterlichkeit, Häuslichkeit und Schutzbedürftigkeit und anderen Wesenszügen, wie sie vor allem in den 1980er-Jahren so ausführlich entfaltet werden, besteht? Eben nicht! Die wirkliche Pointe ist nämlich, dass es bei Thomas streng genommen kein eigenes weibliches Wesen gibt. Die unverrückbare Geschlechterpolarität, wie sie dann ab *Humanae vitae* immer mehr betont wird, verdankt sich gar nicht dem Doctor angelicus. Dieser nämlich hat die in der feministischen Theologie so berüchtigten Passagen über die Frau wesentlich von Aristoteles übernommen und dort entsteht eben eine Frau, wenn es aus verschiedenen Gründen für die Entstehung eines Mannes nicht reicht. Die Frau ist ein verhinderter Mann, bis in ihre Biologie, die weiblichen Geschlechtsorgane sind für einen der Väter der abendländischen Philosophie nichts anderes als verkümmerte männliche Glieder. Wäre das nicht so frauenfeindlich, wäre es schon fast Judith Butler, doch dazu in einem anderen Kapitel. Die Formulierung *mas occasionatus* für „Frau" bei Thomas ist nichts anderes als die direkte Wiedergabe dieser Vorstellung. Wer nun meint, das vertrage sich nicht mit dem biblischen Schöpfungsbericht, kennt Thomas nicht. Die wirkliche intellektuelle Leistung ist nämlich, zusammenzudenken, was einander widerspricht. Denken kann der Aquinate exzellent, also unterscheidet er zwischen einem höchsten Teil der Seele, in welchem selbstverständlich Mann und Frau beide Abbild Gottes sind, niedrigeren Seelenteilen und natürlich dem Körper, für welchen dann Aristoteles verwendet werden kann, wobei auch hier die Defizienz, sprich der schiefgegangene männliche Körper, dem göttlichen Schöpfungsplan insofern entspricht, als es doch die Frau mit diesem Körper zur Fortpflanzung braucht. Die „niedrigeren Teile" der Seele sind schließlich bei der Frau ebenso etwas weniger gut geraten, was sie einerseits für Thomas intellektuell beschränkt macht, andererseits aber das Bild von den höheren Seelenteilen als männlich und den niederen als weiblich entstehen lässt.

Es gibt bei Thomas kein „weibliches Wesen" als unveränderliche Quintessenz der Frau, sondern einen bestimmten Platz in der Schöpfungsordnung, der hinter dem Mann ist und sich aus den intellektuellen und körperlichen Defiziten gottgewollt ergibt. Anders gesagt, die Frau hat zwar einen Zweck, nämlich Fortpflanzung und Unterstützung des Mannes, aber autonome Qualitäten (welche auch immer) kann ihr Thomas in seinem Modell logischerweise nicht zusprechen. Die Angst vor dem Verlust des weiblichen Wesens, wie sie ab *Mulieris dignitatem* in kirchlichen Texten epidemisch wird, hätte Thomas wohl ziemlich ratlos gemacht – wie kann man eine natürliche Defizienz denn verlieren?

Dass dieser Mangel mit Qualitätsmerkmalen gefüllt wird, ist eine Leistung der Aufklärung und der bürgerlichen Gesellschaftsordnung des 18. und 19. Jahrhunderts. Sprich die theologische

Ontologie wird gefüllt mit Geschlechterrollenbildern à la Schillers „Ehret die Frauen, sie flechten und weben himmlische Rosen ins irdische Leben, ... und in der Grazie züchtigem Schleier nähren sie wachsam das ewige Feuer schöner Gefühle mit heiliger Hand." Das Gedicht ist noch viel länger, das Frauenbild wird nicht wesentlich anders. Die in der abendländischen philosophischen Tradition gerne an Frauen konstatierten Defizite werden jetzt als genuine Tugenden (intellektuell schwach, aber viel Gefühl) zum weiblichen Wesen zusammengefasst, das passenderweise alles abdeckt, was der Mann nicht macht, weil es weniger Ruhm, Ehre etc. bringt. Die gar nicht kurze Kurzfassung ist bei Schiller nachzulesen. Oder in all den Bibliotheken wissenschaftlicher Literatur zum Thema Geschlechterrollen(bilder) im 18., 19. und frühen 20. Jahrhundert. Oder aber man und frau mag Trivialkultur der Rubrik Romantik vom Heftchenroman bis zu „Fifty Shades of Grey", dort fehlt zwar die philosophische Komponente, dafür gibt es umso farbigere Illustrationen des bürgerlichen Idealbildes von Mann und Frau.

Und um nicht allzu trivial zu enden, werfen wir noch einen Blick auf das philologische Schicksal des Wesens im Deutschen: Es erlebt, nachdem es in der Philosophie des 19. und 20. Jahrhunderts arg zerzaust wurde und seine metaphysische Bedeutung zusammen mit der Metaphysik generell verlor, noch einen Höhenflug mit Martin Heidegger, der sogar das seit dem Mittelalter aus der Mode gekommene Verb reaktiviert und den Menschen anstatt sein „wesen" lässt und dieses Verb mit dem ebenso wenig hippen „währen" erklärt: „Alles Wesende währt." Sprachgeschichtlich betrachtet eher nicht: Das Verb „wesen" ist verwest, es findet sich heute nur mehr in den Vergangenheitsformen des Verbs sein: war, ist gewesen. Dafür aber kennt das Deutsche ein eigenes negiertes Substantiv, das es bis ins wenig philosophische Horrorgenre geschafft hat: Das Unwesen, das jemand oder etwas treibt.

Worauf dieser Exkurs hinaus will, ist die Zeitangabe: Das immerwährende Wesen der Frau ist konservativ geschätzt 200 Jahre alt, ein klassischer Fall von Enthistorisierung und Mythisierung, würde der französische Philosoph Roland Barthes sagen, nur dass auch der in den frühen 1960ern das Thema Frauenbild noch nicht im Fokus hatte.

Das Wesen der Frau wird in den lehramtlichen Dokumenten in großem Stil genau dann entdeckt, als es verlorenzugehen droht, ähnlich wie die meisten Menschen den Goldregenpfeifer erst kennenlernen, wenn er durch irgendein Bauprojekt bedroht ist. Und das Wesen der Frau ist bedroht durch das Projekt Postmoderne. Dementsprechend versuchen wir *Mulieris dignitatem* und seine Folgedokumente so zu lesen: als ambitioniertes Artenschutzabkommen für die bedrohte Spezies „Wesen Frau".

Verlustängste

"Die beängstigendsten Dinge
sind jene, die unserem Zuhause
am nächsten sind."

(Regisseur Adrian Lyne, Interview zu
Eine verhängnisvolle Affäre, 1987)

Wer eine wirklich kurze Erklärung zu jenem Frauenbild
möchte, welches *Familiaris consortio* und besonders *Mulieris
dignitatem* liefern und damit für eine Vertiefung der Kluft
zwischen kritisch-engagierten katholischen Frauen und dem
römischen Lehramt sorgten, sollte das Dokument nochmals
unter der Perspektive des obigen Zitats lesen.

Angst und Schrecken empfinden Mitte der 1980er-Jahre
vor den Veränderungen zu Hause oder davor, dass die Veränderungen das traute Heim, „die Keimzelle der Gesellschaft"
wie die Familie in kirchlichen Texten gerne genannt wird
– tatsächlich treffen können, offenbar viele Männer, weit
weit weg von katholischen binnenkirchlichen Meditationen
über Frauen im Allgemeinen und ihr besonderes Wesen. Das
Eingangszitat stammt vom US-amerikanischen Regisseur
Adrian Lyne, dessen Film man auf den ersten Blick sicher
nicht als wesensverwandt mit einem päpstlichen Lehrschrei-
ben sehen würde. Aber nur auf den ersten Blick. Hart an der
Grenze zu den damaligen Vorstellungen vom Softporno an-

gesiedelt, werden heterosexuelle kurzfristige Beziehungen in Hochglanzästhetik inszeniert, allerdings nur, um diese an der weiblichen Widerborstigkeit (Autonomie) zerbrechen zu lassen. Wer eine Illustration des guten weiblichen Wesens und der Konsequenzen von dessen Verlust sucht, sieht sich am besten „Eine verhängnisvolle Affäre" an. Der Mann, seinen Trieben hilflos ausgeliefert (vgl. *Humanae vitae*) begeht einen Seitensprung und steht in Folge recht unkomfortabel zwischen dem One-Night-Stand und der Ehefrau mit Kind. Wobei, im Grunde nicht wirklich unkomfortabel, weil seine Frau letztlich nicht nur alles verzeiht, sondern sogar die böse Ehebrecherin tötet. Die anschauliche Botschaft, die mit allen Mitteln der Verführung und Manipulation des Publikums herübergebracht wird, lautet: Gute Frauen sind Hausfrauen, Mütter, Ehefrauen, sie opfern sich für Mann und Kind, „männliches" Verhalten, sprich hier Gewalt, kennen Frauen nur, wenn es um den Schutz der Familie geht. Böse Frauen sind finanziell unabhängig, weil berufstätig, kinderlos, sie erheben Anspruch auf dieselben sexuellen Freiheiten wie Männer, rauchen, trinken – und sind eine Bedrohung für die gute Frau wie den Mann gleichermaßen. Und die allergrößte Angst der Männer in den 1980er-Jahren ist offensichtlich, dass diese bösen Frauen bei ihnen zu Hause sein könnten. Dort nämlich, im eigenen Heim und letzten Refugium der Ordnung, muss Schluss sein, wenn Frauen schon sonst überall in der Gesellschaft den Männern gleichgestellt sind. Die „Teilhabe am öffentlichen Leben" (*Pacem in terris*, nicht Lyne) wirkt zurück bis in Küche und Schlafzimmer – und dort will Mann eine Frau wie aus den Männergesprächen von 1964.

Die Angst davor, dass das Politische auch privat wird, ist nicht nur sprachlich eine Umkehrung des entsprechenden Kampfrufes der 1968er-Generation („Das Private ist politisch"), sondern die ironische, aber logische Konsequenz der Geschlechterrollen- und Emanzipationsdiskurse der späten 1960er- und 1970er-Jahre, und es ist keine Angst, die nur fromme, weltferne Kirchenmänner befällt. Auch wenn es paradox klingt: Der von Feministinnen zurecht konstatierte *Backlash* (so der einschlägige Buchtitel der US-Amerikanerin Susan Faludi) in populärkulturellen Diskursen wie in offiziellen kirchlichen Schreiben ist der beste Beweis dafür, dass sich in Sachen Gleichberechtigung und Geschlechterrollenbilder bis in die 1980er-Jahre dermaßen viel getan hat, dass es selbst bei Männern angekommen ist, die nicht in einschlägigen akademischen Arbeitsgruppen dabei waren. Feminismus und Geschlechterrollendiskussionen beginnen nun wirklich, die Männer zu (be)treffen. Und je näher die Frage von gleichen Rechten und Möglichkeiten dem eigenen Bereich kommt, desto mehr Angst löst sie aus, es könnte sich etwas ändern: erstens an der unterhinterfragten eigenen Machtposition – ist in der Gesellschaft teilweise schon passiert, in der Kirche noch nicht. Zweitens an der wohlbekannten Ordnung – niemand mag es, wenn Dinge nicht mehr dort sind, wo sie immer waren und noch weniger, wenn Frauen nicht mehr an den gewohnten Orten, vor allem zu Hause auffindbar sind, sich nun aber stattdessen womöglich im eigenen Büro oder gar jenem des und dann der Vorgesetzten befinden. Und drittens, und vielleicht sogar am schlimmsten, ist die Furcht vor dem Verschwinden des imaginären Refugiums der eigenen Kindheit, in dem die Mutter Dreh- und Angelpunkt des Heils und der Sicherheit war.

Alle diese drei Bereiche sind in den 1980er-Jahren längst in Veränderung begriffen, in Wahrheit in ihrer von Männern idealisierten Form mitunter verschwunden, weshalb sie umso heftiger beschworen werden müssen.

Familiaris consortio und *Mulieris dignitatem* müssen letztlich genau so gelesen werden: Als Beschwörungen einer verlorenen Welt, die in der Form nie existiert hat, deren Verschwinden aber durch gesellschaftliche und wissenschaftliche Diskurse in Theologie und Kirche manifest wurde.

Familiaris consortio (1980)

Die Idee, der Familie eine Synode zu widmen, ist nicht ganz neu. 1980 war es schon einmal soweit: Die Schrecken der Postmoderne waren ganz nahe an das eigene Heim gekommen oder, genauer, in dieses hinein, in die Familie:

„... eine irrige theoretische und praktische Auffassung von der gegenseitigen Unabhängigkeit der Eheleute; die schwerwiegenden Mißverständnisse hinsichtlich der Autoritätsbeziehung zwischen Eltern und Kindern; die häufigen konkreten Schwierigkeiten der Familie in der Vermittlung der Werte, die steigende Zahl der Ehescheidungen, das weit verbreitete Übel der Abtreibung, die immer häufigere Sterilisierung, das Aufkommen einer regelrechten empfängnisfeindlichen Mentalität." (6)

Höchste Zeit also, diesen Schrecken kirchlicherseits mit einer Synode und einem darauffolgenden apostolischen Schreiben zu begegnen. *Familiaris consortio* ist ein äußerst umfangreicher Text, der sich bemüht, von A wie Aufgabe oder Abtreibung bis Z wie Zersetzung oder Zeugung alle Aspekte des Themas behandeln, die einem oder zumindest so manchem Kleriker zum Thema einfallen können. Schwer tun wir uns heute nicht nur mit der dualistischen Grundierung (Licht und Schatten, Gut und Böse), sondern vor allem mit der bräutlichen Leidensmystik, die immer wieder ein unfreiwillig seltsames Bild der Ehe zeichnet, wenn diese als der Jungfräulichkeit annähernd gleichwertig gelobt wird, sofern sie „Opfer, Abtötung und Selbstverleugnung verlangt" (16), oder überhaupt, den frühen christlichen Schriftsteller Tertullian zitierend als „Joch" (13) verstanden und metaphorisch in die Nähe der Kreuzeserfahrung gerückt wird.

Familiaris consortio widmet sich in erster Linie verschiedenen Ordnungsübertretungen – und hier kommen die Frauen ins Spiel. Selbstverständlich zuerst einmal als „natürliche" gegenseitige „Ergänzung", dann aber mit einem dreiseitigen eigenen Teil unter der Überschrift „Rechte und Pflichten der Frau" (22–24). Der Mann hat, zumindest explizit textlich hervorgehoben, weder Rechte noch Pflichten, er ist nur etwas mehr als eine Seite lang „Ehegatte und Vater" (25). Dass das Verständnis der Frau der Dreh- und Angelpunkt des familiären Heils sein könnte, mutmaßten spätestens 1981 mehr und mehr Männer und nicht immer ist dieses Heil vom Unheil ihres Machtverlustes eindeutig zu trennen. *Familiaris consortio* setzt sich selbst das ambitionierte Ziel, die gleiche Würde der Frau (im Vergleich zum Mann) zu betonen, Frauen nicht einfach zurück an den Herd zu schicken (wäre erstens unsensibel und zweitens ein Rückschritt hinter *Pacem in terris*), und dennoch deutlich zu machen, dass die Frau dem Mann nicht gleich ist und außerdem am besten zu Hause. (Die gedankliche Quadratur des Kreises, aber die Theologie mag solche Herausforderungen seit den ersten Konzilien). Am besten man fängt gleich wirklich theologisch an und erklärt den Akt der Inkarnation mittels Geburt und vorhergehender Wohnstätte in der Jungfrau Maria zum ultimativen Nachweis der Würde der Frau, oder im O-Ton: „Sodann offenbarte Gott in der höchsten Form, die möglich ist, die Würde der Frau, indem er selbst von der Jungfrau Maria Fleisch annahm, sie die neue Eva nennen ließ und zum Urbild der erlösten Frau machte." (22) Die Argumentation ist etwas gewagt, aber nicht ohne Reiz – man stelle sich vor, Gott wäre gleich fixfertig erschienen, ohne Umweg über die Gebärmutter, die große körperliche Nähe zum weiblichen Fleisch könnte tatsächlich einiges für die Wertschätzung von Frauen bedeuten. Und das ist wirklich nicht zynisch gemeint.

Für die Auseinandersetzung mit den realen Frauen von 1981 ist dieser Zugang vermutlich ein wenig zu gewagt, also folgt, was folgen muss, die Frage nach dem Ort der Frau in der Gesellschaft und, in deren Beantwortung, die vorhin erwähnte Quadratur des Kreises: Einleitend wird ausdrücklich darauf hingewiesen, dass „im spezifisch familiären Raum eine weitverbreitete gesellschaftliche und kulturelle Tradition der Frau nur die Aufgaben der Ehefrau und Mutter zuordnen wollte, ohne ihr die im allgemeinen dem Mann vorbehaltenen öffentlichen Aufgaben in angemessener Weise zugänglich zu machen." (23) Wie genau dürfen wir diesen Passus verstehen? Festgestellt wird, vereinfacht wiedergegeben, dass alle die Frauen zu Hause bei Mann, Kind und Herd sehen und das andere bitte den Männern vorbehalten ist. Was wäre angemessen? Frauen den Zugang zu öffentlichen Aufgaben zu ermöglichen? Oder geht es nur darum, eine

Weise zu finden, die dieser „kulturellen Tradition" angemessen ist? Oder gibt es gar angemessene und unangemessene Zugänge von Frauen zum öffentlichen Leben? Von allem ein bisschen – und ein bisschen schließt sich *Familiaris consortio* auch dieser Tradition einfach an.

Gleiche Würde – ungleiche Macht

Die Antwort folgt gleich im nächsten Absatz und lautet kurz gefasst: Gleiche Würde heißt zwar theoretisch gleicher Zugang zur Macht, aber da Mann und Frau doch sehr verschieden sind, fördert man Frauen am besten, wenn man ihr Zuhausebleiben anerkennt. Hier nimmt das apostolische Schreiben eine Argumentation vorweg, wie sie heute im öffentlichen Diskurs und angesichts krisenbedingter Arbeitsplatzknappheit oft genug zu hören ist – allerdings nicht mehr aus der Kirche, wie wir weiter unten sehen werden. Ebenso haben die folgenden Ausführungen zur Begründung dieser Doppelbotschaft mittlerweile Eingang in Postings und andere Ergüsse des gesunden Volksempfindens gefunden, wenn auch ohne hübsche Abstrakta. Conditio sine qua non für das „Zugestehen" der Übernahme öffentlicher Aufgaben ist aber in *Familiaris consortio*, dass die Frauen für Mann und Kinder das Mittagessen kochen können. Gefordert wird nichts Geringeres als eine „Struktur der Gesellschaft", in welcher „die Ehefrauen und die Mütter nicht praktisch gezwungen sind, außer Haus zu arbeiten" (23). Eine prophetische Vorwegnahme der Telearbeit dank Internet? Eher nicht. Der Begriff „öffentliche Aufgabe" sagt ja schon, dass sie nicht in den eigenen vier Wänden stattfindet und eben über Mann und Kinder hinausgeht. Im Zweifelsfall bleibt Frau also privat und zu Hause. Zudem, und hier sind wir rasch wieder bei der romantischen Wesensontologie der Frau, darf die ohnehin unwahrscheinliche außerhäusliche Arbeit keineswegs dazu führen, „dass dies alles für die Frau ... weder den Verzicht auf ihre Fraulichkeit noch die Nachahmung des Männlichen bedeutet". 1981 waren Geschlechterrollen für die katholische Kirche oder zumindest das Lehramt noch ein Fremdwort im wahrsten Sinn des Wortes und allein die Übernahme bis dahin Männern vorbehaltener Arbeiten schon eine Gefährdung des spezifischen Wesens, die letztlich nicht erfolgreich, weil bloße Nachahmung des anderen Geschlechts sein könnte. Mit Blick auf die folgenden Dokumente und die hinter ihnen oder besser gesagt vor ihnen stattfindenden theoretischen Umwälzungen zum Thema Geschlechterrollen und -definitionen kann man nur sagen: Da war die lehramtliche Welt fast noch in Ordnung. Für das Lehramt selbst war sie natürlich überhaupt nicht in Ordnung und die zunehmend alltägliche Konfrontation mit Frauen in öffentlichen Aufgaben, sprich politischen und wirtschaftlichen Machtpositionen, ein Problem, dessen man gedanklich nicht mehr so recht Herr wurde – und praktisch schon gar nicht.

Zusammengefasst konnte frau aus diesem Schreiben mitnehmen, dass sie natürlich grundsätzlich die gleichen Rechte habe wie der Mann, praktisch die Ausübung dieser Rechte aber ihre Fraulichkeit (zu diesem sehr speziellen Abstraktum gleich mehr in *Mulieris dignitatem*) beeinträchtigen würde und daher ihrer Würde eigentlich widerspräche. Für an Logik Interessierte eine interessante Gedankenführung, aber die Philosophinnen heckten zu dieser Zeit schon ganz andere Überlegungen aus, mit denen sich die Kirche bis heute herumschlägt.

Ein weiteres kleines, nicht ganz unbekanntes Problem zwischen dem Eintreten für die Würde der Frau, gegen ihre Diskriminierung und dem Hochhalten ewiger moralischer Wahrheiten in Sachen engerer Beziehung von Mann und Frau (weiter sind wir 1981 noch nicht) begegnet uns in *Familiaris consortio*. Als Verletzung der Würde der Frau wird nach dem durchaus berechtigten und immer noch aktuellen Verweis auf die Diskriminierung im Bereich von „Erziehung, Beruf und Arbeitslohn" (24) ganz klar die „demütigende Diskriminierung gegenüber kinderlosen Ehefrauen, Witwen, Getrennten, Geschiedenen und unverheirateten Müttern" genannt und zur Beseitigung dieser Missstände aufgerufen. Hierin ist *Familiaris consortio* zwar deutlich kürzer und allgemeiner als 34 Jahre später *Instrumentum laboris*, aber immerhin deutlich genug.

Allerdings sollte man lieber nicht bis zum Ende des Dokuments lesen, wo genau einige jener Lebensformen, deretwegen diskriminiert wird, unter dem Sammelbegriff „irreguläre Situationen" zusammengefasst und als nicht der Lehre der Kirche entsprechend verurteilt werden. Heißt konkret: Zusammenleben ohne Trauschein, sei es vor der Ehe („Ehe auf Probe" betitelt) oder auf Dauer, in diesem Fall romantisch „freie Verbindungen" genannt (wenn auch nicht mehr so romantisch wie in *Gaudium et spes* die „freie Liebe"), des Weiteren nur zivil verehelichte Katholiken und natürlich Getrennte und Geschiedene und erst recht geschiedene Wiederverheiratete. Da Erstere im Stand der Sünde leben und, glaubt man *Familiaris consortio*, „mit ihren zersetzenden Wirkungen auf die Gesellschaft und ihren Schäden für die Würde, Sicherheit und das Wohl der einzelnen Bürger" (81) offenbar eine nationale und internationale Bedrohung darstellen, gilt hier das Diskriminierungsverbot womöglich ohnehin nicht (merke: gute Katholiken in den 1980er-Jahren sollten sich also nicht vor Dieben, Räubern und pädophilen Erziehern inner- und außerhalb kirchlicher Institutionen fürchten, sondern vor dem unverheirateten Pärchen nebenan). Aber was ist mit den Geschiedenen, die in Kapitel 24 doch eindeutig genannt wurden? Ihnen wird dringend geraten, a) die Treue zu bewahren, b) zu verzeihen und c) die „frühere eheliche Lebensgemeinschaft gegebenenfalls wieder aufzunehmen" (83). Auch wenn hier ganz korrekt beide Teile eines Ehepaares angesprochen sind: Anfang der 1980er-Jahre richteten sich derartige Botschaften in der Praxis zumal im katholischen Milieu nur allzu oft an die Frauen, die von ihrem Mann verlassen worden waren und nun bitteschön dessen Eskapaden verzeihen, sich selbst natürlich keinesfalls ausleben und ihn dann wieder zurücknehmen sollten – schließlich ist die Ehe ein Akt der Buße und Aufopferung, wie uns dasselbe Dokument einleitend bereits dargelegt hat. Aber wie gesagt: Angesprochen sind immer Männer und Frauen. Ausgeschlossen von der Eucharistie sind ebenfalls beide – und zwar ohne Wenn und Aber und jegliche Barmherzigkeit, so sie es wagen, nochmals (zivil, natürlich) zu heiraten. *Familiaris consortio* sorgt sich an diesem Punkt recht wenig um die konkrete neu entstandene Familie, um die neue Beziehung schon gar nicht, sondern in erster Linie um den Anstoß und die Verwirrung der anderen Gläubigen, die meinen könnten, die Kirche kenne in diesem Punkt Verzeihen und Gnade. Wenn zudem als Causa prima angeführt wird, dieser „Lebensstand und ihre Lebensverhältnisse stehen in objektivem Widerspruch zu jenem Bund der

Liebe zwischen Christus und der Kirche, den die Eucharistie sichtbar und gegenwärtig macht", dann darf es nicht verwundern, wenn sich seit 1981 dieses Thema bei jenen Katholiken, die sich noch nicht von der Kirche verabschiedet haben, tatsächlich zum heißesten Eisen und auch für viele pastoral engagierte Priester zum springenden Punkt geworden ist. Die extreme spirituelle Überhöhung der Ehe, wie sie in *Gaudium et spes* als Reaktion auf ein vorkonziliares, reichlich legistisches Eheverständnis und in Bemühung um eine Verganzheitlichung der Sexualität geschehen ist, wird hier zum Bumerang, der nicht wenige schon erschlagen oder zumindest nachhaltig verletzt hat. Und wie man geschiedene Wiederverheiratete nicht diskriminiert, wenn man sie, womöglich vor versammelter Gemeinde, vom Eucharistieempfang zurückweist, bleibt eine offene Frage.

Familiaris consortio stellt wesentlich die Weichen für den Umgang mit den 1981 brisanten Problemen, denen sich die Synode im Herbst 2015 widmen muss, und zeigt zugleich das Beharrungsvermögen bestimmter Diktionen, die schon 1981 einer längst vergangenen Zeit angehören. Die titelgebende Sorge um die Familie plagt nicht nur hohe Kleriker in Rom, bei ihnen wird aber mindestens ebenso wie im neokonservativen Unterhaltungskino überdeutlich, dass diese Sorge insgeheim die Trauer und Wut über den Verlust der unhinterfragten männlichen Hegemonie in weiten Bereichen der Gesellschaft und der Selbstverständlichkeit der treusorgenden Ehefrau zu Hause beinhaltet oder gar aus dieser mitgespeist wird. Die Rechte der Frauen, so belehrt uns *Familiaris consortio*, werden am besten verwirklicht, wenn die Frau weiterhin ihren Pflichten zu Hause nachkommt und gar nicht erst danach strebt, durch die Nachahmung männlichen außerhäuslichen Erfolgs ihr „frauliches" Wesen zu verlieren. Aus der Perspektive von 2015 lässt sich recht nüchtern konstatieren: Die Belehrung ist nicht angekommen. Oder besser gesagt: Sie ist angekommen und frau hat sich innerhalb der Kirche und auch sonst theoretisch und praktisch auf verschiedenen Ebenen zu wehren versucht. Und deshalb war es 1988 dann endgültig Zeit für ein neues Dokument, exklusiv für die lästigen Frauen.

Mulieris dignitatem (1988)

1988 entdeckt das römische Lehramt endgültig die Frauen. In einer Hauptabendromanze würde es wohl heißen: „Man entdeckt den wahren Wert durch den Verlust." 1988 die Frauen zum Gegenstand eines umfangreichen Schreibens zu machen, ist, verglichen mit dem langen Ignorieren bzw. Subsummieren unter Ehe und Familien(kontrolle), aber auch verglichen mit den gesellschaftlichen Entwicklungen bis dahin, tatsächlich etwas spät. Oder doch nicht. Ende der 1980er-Jahre schien der Zeitpunkt gekommen, an dem sich die Eigenständigkeit der Frau in Theorie und Praxis selbst hinter vatikanischen Mauern nicht länger ignorieren ließ. Die Generation jener Frauen, die 1968 *Humanae vitae* ignorierte, hatte inzwischen körperliche oder geistige Töchter, die oft nicht mehr so genau wussten, was die Kirche ihnen denn alles ge- und verböte. Viele Frauen waren weggegangen und jene, die noch da waren, beschäftigten sich – eben – mit Frauen in der Kirche in Geschichte und Gegenwart mit eher unerfreulichem Erkenntnisgewinn. In der Tat: Der Verlust der braven harmonischen Ergänzung und schweigenden Hintergrundfolie, vor allem aber des schutzbedürftigen Geschöpfes muss für viele Männer eine traumatische Erfahrung gewesen sein. *Mulieris dignitatem* ist wohl genau so lesen: Als Verlustanzeige und männliche Selbsttherapie. Und als Reaktion. Frauen machen sich als selbstbestimmte Subjekte sichtbar – die Kirche widmet ihnen ein eigenes Schreiben. Frauen setzen sich mit der religionsgeschichtlichen Vergangenheit von Frauen in der Bibel bzw. im Christentum auseinander – das Lehramt ergeht sich in Eulogen über biblische Frauengestalten. Frauen eröffnen den Diskurs über Geschlechterrollen und Machtstrukturen – die Rolle der Frau aus christlicher Sicht muss ausgeführt werden. Frauen ziehen männliche Konstruktionen der Geschlechter und damit von Weiblichkeit in Frage – das Wesen der Frau wird entdeckt.

Wenn die Frauen schon keine Ruhe geben und sich unbedingt zum zentralen Gesprächs- und Forschungsgegenstand machen wollen, dann muss natürlich das Lehramt das Seine beitragen.

Bereits der erste Satz ist eine entlarvende Zusammenfassung der folgenden Überlegungen: „DIE WÜRDE DER FRAU und ihre Berufung – ständiges Thema menschlicher und christlicher Reflexion – haben in den letzten Jahren eine ganz besondere Bedeutung gewonnen." (1) Die Würde der Frau war, bei allem Respekt, weder ständiges noch zeitweiliges Thema menschlicher und christlicher Reflexion, sondern allenfalls verschiedene Aspekte der geschlechtsspezifischen Existenz aus männlicher Perspektive, der *dignitas*-Begriff begegnet in Zusammenhang mit der Frau weder in den einschlägigen Passagen bei Augustinus noch bei Thomas. Und was „in den letzten Jahren" (sprich vor 1988) an Bedeutung gewonnen hatte, war nicht unbedingt ein Diskurs über die Würde der Frau, sondern über Autonomie und Macht. Aber gut. Man hat zumindest erkannt, dass es angebracht wäre, zum Thema Frauen etwas zu sagen.

Eine eigene Anmerkung lohnt darüber hinaus schon im Voraus der Kontrast zum allerersten in diesem Buch angesprochenen Dokument, *Pacem in terris*, in welchem ganz nüchtern von wachsenden gesellschaftlichen In-Anspruch-Nahmen gesellschaftlicher Öffentlichkeit seitens der Frauen, zumal in christlich grundierten Gesellschaften, die Rede ist. Die Basis dafür sieht *Pacem in terris* in der Menschenwürde. Nun aber ist auf einmal von der Würde der Frau die Rede. Eine besondere Hervorhebung und Sichtbarmachung der Frau, damit sie endlich nicht mehr unter Mensch mitgemeint ist? Nicht ganz. Oder vielmehr ganz und gar nicht. *Mulieris dignitatem* ist das beste Beispiel dafür, was passiert, wenn die Frau zur Besonderheit gemacht wird, wenn letztlich die allgemeine Menschenwürde gegen die besondere Würde der Frau steht.

Und ein weiterer Kommentar zur Präambel dieses Dokuments, welche das verdienstvolle Bemühen der Kirche wesentlich darin erkennt, dass bereits 1970 mit Teresa von Avila die erste Frau zur Kirchenlehrerin ernannt, und sie damit in eine Reihe erlauchter Männer wie der hier schon oft zitierte Thomas von Aquin gestellt wurde. Wer immer für diese Ernennung zur Kirchenlehrerin im Letzten verantwortlich zeichnete – entweder er hat Teresas Texte nicht gelesen oder aber er wollte wirklich eine Botschaft zum Thema Frauen und Kirche überbringen. Dem Wesen der Frau, das wir in *Mulieris digni-*

tatem kennenlernen werden, entspricht gerade diese Heilige in ihrem Leben und Schreiben in ihrer Hartnäckigkeit, ihrem Selbstbewusstsein und ihrem feinen Zynismus gegenüber klerikalen Männern nun wirklich nicht.

Einen unbeabsichtigten (?) Hinweis erhalten wir schließlich in der Einleitung von *Mulieris dignitatem*: Die Frage nach der aktiven Mitwirkung von Frauen in den Ortskirchen (nennen wir es einmal so, *Ordinatio sacerdotalis* kommt später) muss besonders laut zu hören gewesen sein in Rom, sonst würde nicht gleich zwei Mal auf die Notwendigkeit der pastoralen Antwort verwiesen werden. Jenseits solch säkularer Motivationen für ein päpstliches Schreiben gibt es natürlich den genuin spirituellen Anstoß des damals gerade zu Ende gegangenen Marianischen Jahres, denn wer über Frau und katholische Kirche spricht, spricht immer auch über Maria, die Mutter Jesu.

Maria, „die" Frau

Mit Überlegungen zur absoluten Ausnahmefrau ein Schreiben über aktuelle Anfragen zum Thema Frau, Frauenbild und Geschlechterrollen zu beginnen, ist einerseits konsequent. Einen wirklich historischen Anspruch kann man ohnehin nicht haben, das Wesen ist ja per se überzeitlich, und man kann gut platonisch mit dem Urbild und der männlich-klerikalen Idee der Frau beginnen, bevor man sich deren irdischen Abbildern zuwendet. Andererseits erweist sich ein solcher Einstieg bei kritisch-distanzierter Lektüre als nicht ungefährlich. Damals, 1988, war der Reflex der meisten Frauen und einiger kritischer Männer, allesamt mit reichlich psychoanalytischer Vorbildung gesegnet, einhellig ablehnend. Hier würde wieder das unerreichbare Bild der jungfräulichen Übermutter gegen reale Frauen ausgespielt und die komplexbeladene klerikale Seele zur Norm erhoben. Das mag tatsächlich ein wenig (oder auch mehr) so gewesen sein. Man kann die zugebenermaßen steilen Aussagen über Maria aber genauso gut ganz anders lesen. Versuchen wir es mit einer vollkommen untheologischen Annäherung: Maria ist (fast) nichts von dem, was *Gaudium et spes* und *Humanae vitae* als ideales Frauenbild skizzieren. Zuerst und vor allem: Sie ist nicht bloß Hälfte eines harmonischen Ganzen, Unterstützung für einen Ehemann schon gar nicht, weil ihr ein solcher noch fehlt. Stumm im Hintergrund der familiären Idylle steht sie auch nicht, im Gegenteil, sie ist alleiniges menschliches Zentrum des Verkündigungsgeschehens, das in den ersten Kapiteln von *Mulieris dignitatem* euphemistisch entfaltet wird. Und schutzbedürftig wäre sie vielleicht gewesen, es war aber keiner da, sodass sie sich mit dem Engel allein herumschlagen musste. Mutter ist sie freilich, aber in einer recht patchworkartigen Familienkonstruktion. Wenn Maria wirklich „die Fülle der Vollkommenheit all dessen, ‚was kennzeichnend für die Frau ist‘" (5) darstellt, dann eröffnen sich durchaus interessante Möglichkeiten. Mindestens ebenso mehrdeutig ist die Überschrift zur Passage über das *Fiat* (Mir geschehe …): „Ihm zu dienen bedeutet herrschen." (5) Wieder ganz untheologisch betrachtet können wir daraus schlussfolgern, dass Gott zu dienen die patriarchalen Hierarchien außer Kraft setzt, eine Lösung, die in der Geschichte des Christentums zahlreiche Frauen wie die zitierte Teresa von Avila durchaus erkannt haben.

Wer gänzlich fehlt in diesem Marienpreis, ist der heilige Josef. Neben einer starken Frau kommt ein Mann eben nicht so zur Geltung, würde man im profanen Kontext sagen, aber wir sprechen natürlich über die Gottesmutter und da ziemen sich derart profane Betrachtungsweisen nicht. Theologisch betrachtet bringen wir Maria trotzdem nicht in eine Reihe mit *Gaudium et spes* etc. Theologisch betrachtet widerspricht Maria allen farblosen Frauenbildern der großen Theologen. Gut, als Gottesmutter ist sie eine Ausnahme, aber dann kann sie, selbst wenn wir den Malus der Erbsünde abziehen, noch immer nicht Urbild des Fraulichen sein, wenn dieses die brave, eheliche Existenz meint. Wer weiß, vielleicht wünschen sich sogar klerikale Männer eine Frau, die nicht nahtlos mit der Tapete verschmilzt, sondern eine ziemlich ungewöhnliche Biografie aufweist.

Was sie sich offenbar wirklich nicht wünschen, ist eine Frau, die offen und ohne transzendente Unterstützung wie einen Verkündigungsengel das Dienen in das Herrschen verwandelt.

Die Bibel und ihr Potenzial für eine neue Theologie der Geschlechter bzw. in den 1980er-Jahren noch primär der Frauen waren einer der ersten Schwerpunkte feministischer Theologie, wie ein Blick in Bibliothekskataloge dieser Zeit zeigt. Eine andere Quelle, aus der sich dieser Forschungsschwerpunkt deutlich ablesen lässt, ist *Mulieris dignitatem*. Die ausführlichen Abhandlungen über den Schöpfungsbericht und die richtige Bewertung der Frau in ebendiesem, ja, die Frage nach Schöpfungsbericht eins und zwei und der berühmten Rippe exegetisch zu beurteilen untersagt sich die Autorin ausdrücklich. Verständlich werden diese Ausführungen zum Alten Testament wirklich nur als Reaktion auf feministische Diskurse, die bis dahin zumindest im deutschen Sprachraum längst in katholischen Bildungshäusern und Bibelrunden angekommen waren. Aus größerer kulturwissenschaftlicher Distanz gelesen ist dieser Teil aber die beste Illustration für das, was Roland Barthes als Naturalisierung bzw. Mythisierung zum Zweck der Enthistorisierung bezeichnet. Aufgelöst bedeuten diese hübschen substantivischen Abstrakta nichts anderes, als dass historische Texte und Kontexte eben ihrer Geschichtlichkeit enthoben und zu jenseits davon angesiedelten überzeitlichen Wahrheiten gemacht werden und gleichzeitig damit als „natürlich" im Sinn von „dem menschlichen Einfluss entzogen" verankert werden sollen. Noch immer zu kompliziert? Die Schöpfungserzählung wird in *Mulieris dignitatem* als Offenbarung über das immerwährende Wesen der Frau zu etablieren versucht und damit jede Diskussion über alternative Deutungen dieser Texte oder deren historische Bedingtheit überhaupt für beendet erklärt. Die exegetische wie historische Pointe an dem Ganzen ist natürlich, dass der Wesensbegriff absolut unbiblisch ist und weder in Gen 3 noch allen anderen angeführten Stellen sein Unwesen treibt. Für die zeitgeschichtliche Frage nach Frau und Kirche oder Frau in der Kirche tut das aber nichts zur Sache. Es ist ein Rundumschlag gegen eine Gleichberechtigung von Frauen, die tatsächlich gleiche Aufgaben, Pflichten und, ja, Macht bedeutet, wie sie Männer haben. Darum geht es letztlich: Die weibliche Besonderheit liegt darin, gar nicht sein zu wollen wie der Mann, alles andere ist in dieser Logik ein Verstoß gegen die Schöpfungsordnung. Und wenn die göttliche Ordnung die Frau als Helferin des Mannes und Mutter gewollt hat, kann frau wohl nicht Macht und Herrschaft haben wollen.

Mulieris dignitatem ist an diesem Punkt noch lange nicht zu Ende, dem Leser und der Leserin aber unmissverständlich klargemacht, was wirklich verhandelt wird: Das wahre Wesen der Frau und seine Bedrohungen seit dem Sündenfall oder, je nach Perspektive, die Bedrohung unhinterfragter männlicher Deutungshoheit über den Rest der Welt, allen voran die Frau. Wenn der Wesensverlust der Frau nämlich dazu führt, dass diese „vermännlicht", wird der Platz im Reich der Männer eng. Das einfach so zu sagen und damit gleichzeitig das Grundanliegen von *Pacem in terris* ad acta zu legen, wäre erstens allzu ehrlich und damit strategisch unklug und zweitens theologisch nicht begründbar. Die Frau wieder in Schutz zu nehmen, diesmal vor ihresgleichen mit seltsamen Ideen und Theorien von der Konstruktion der Geschlechter, ist doch viel eleganter und man kann sich im theologischen Steinbruch der Ontologie bedienen. Eva und Maria, Jesus und die Frauen, die Frau als ekklesiologisches Symbol, so geht es eine Vielzahl von Seiten weiter … das in der Einleitung genannte literarische Genus der Meditation trifft es ziemlich genau: Was fällt einem klerikalen Mann der Generation und Sozialisation Johannes Pauls II. ein, wenn er über Frau, Theologie und Kirche frei assoziativ nachdenken soll? Kein anderer lehramtlicher Text des 20. Jahrhunderts sagt derart viel zum Thema Frau. Kein anderer Text offenbart derart den riesigen Graben, der sich mittlerweile zwischen Rom und kirchlich und theologisch interessierten Frauen in deutschsprachigen Ländern auftut. Und kein anderer Text bis Über die *Zusammenarbeit von Mann und Frau* 2004 lädt derart dazu ein, die Problemzonen auszumachen und die tektonischen Ursachen für den Graben zu erkennen.

Am einfachsten wäre es zweifelsohne, *Mulieris dignitatem* der Barmherzigkeit historischen Vergessens zu überantworten, was seitens halbwegs vernünftiger Theologieprofessoren beiderlei Geschlechts in der Regel tatsächlich geschieht, man will nicht auch noch die letzten Studierenden verschrecken. Sinnvoll ist ein solches Ignorieren für das Verständnis von Frau und Kirche heute aber nicht.

Frau, fraulich, Fraulichkeit

Was mit *Gaudium et spes* zumindest für beide Geschlechter beginnt, nämlich die extreme Spiritualisierung der Geschlechter, wird hier für eines der beiden, die Frau, auf die Spitze getrieben. Was dort, 1965, noch selbstverständlich war, die Mutterschaft der Frau, wird zum unablässig beschworenen Auftrag und zur Entfaltung des weiblichen Wesens. Wobei hier die Philologin nicht umhin kommt anzumerken, dass dieses weibliche Wesen im Deutschen ein substantiviertes Adjektiv darstellt, nämlich „fraulich", aus welchem dann „das Frauliche" gebildet wird. Für das Adjektiv „fraulich" nennt der Duden unter anderem die Synonyme „weiblich, damenhaft, ladylike" – probieren Sie, im gesamten Text „ladylike" einzusetzen, das wäre dann wirklich ein innovativer Ansatz. Und nochmals für alle philologisch Interessierten: Im Lateinischen ist besonders prosaisch von „in femineo sexu" (29) die Rede, wo in der deutschen Fassung von dem „Merkmal der Frau in ihrer Fraulichkeit" zu lesen steht – vielleicht ist die spätromantische Wesensmetaphorik auch ein klein wenig den Übersetzern jenseits der Alpen und ihrem Heidegger-Gen geschuldet.

Ein anderer Begriff hingegen hat eine weit zurückreichende Tradition im Lateinischen und Deutschen und war lange Zeit die einzige katholisch erlaubte Alternative zur Mutterschaft: die Jungfräulichkeit. Zur Frage nach der Bedeutung der Jungfräulichkeit als weiblicher Lebensform im Themenkomplex Kirche und Frau lässt sich zumindest eine mittelgroße Bibliothek füllen, da die Antworten sehr unterschiedlich sind und von „Entsexualisierung der Frau" bis „Frauenbefreiung" reichen. Die für die meisten Menschen, insbesondere Frauen, heute schwer nachvollziehbare Lösung ist die inhaltliche Verbindung dieser scheinbaren Gegensätze, sprich Frauenbefreiung durch Entsexualisierung. Ein gründlicher und absolut lohnenswerter Blick in historische Texte von der christlichen Spätantike bis in das frühe 20. Jahrhundert zeigt eindeutig, dass die gottgeweihte Jungfräulichkeit von vielen Frauen tatsächlich freiwillig als ihnen besser scheinende Alternative zum Eheleben gewählt wurde, das, wir erinnern uns an *Familiaris consortio,* eben eine besondere Form der Askese und Aufopferung darstellt. Historisch betrachtet war für Frauen die Jungfräulichkeit eine geringere und vor allem selbstbestimmtere Aufopferung als eine arrangierte Ehe. (Siehe dazu den Exkurs III „Uns gibt es gar nicht".)

Fast nebenbei wird in *Mulieris dignitatem* noch ein Postulat aufgestellt, das dann zum ersten wirklichen, auch in der Öffentlichkeit wahrgenommenen Zusammenstoß von Frauen und Kirche oder, besser gesagt, kirchlichem Lehramt führte – die Absage an ein Priestertum der Frau:

„Wenn Christus nun die Eucharistie bei ihrer Einsetzung so ausdrücklich mit dem priesterlichen Dienst der Apostel verbunden hat, darf man annehmen, daß er auf diese Weise die gottgewollte Beziehung zwischen Mann und Frau, zwischen dem ‚Fraulichen' und dem ‚Männlichen', sowohl im

Schöpfungsgeheimnis wie im Geheimnis der Erlösung ausdrücken wollte. Vor allem in der Eucharistie wird ja in sakramentaler Weise der Erlösungsakt Christi, des Bräutigams, gegenüber der Kirche, seiner Braut, ausgedrückt. Das wird dann durchsichtig und ganz deutlich, wenn der sakramentale Dienst der Eucharistie, wo der Priester ,in persona Christi' handelt, vom Mann vollzogen wird. Diese Deutung bestätigt die Lehre der im Auftrag Pauls VI. veröffentlichten Erklärung *Inter insigniores,* die Antwort geben sollte auf die Frage nach der Zulassung der Frauen zum Priesteramt." (26)

Kurz gefasst: Frauen sind in ihrer wesenhaften Andersheit so anders, dass sie zwar Mutter Gottes, aber nicht Priester werden können. Damit ist 1988 das Thema wieder erledigt und wir dürfen uns der „Hingabe der Braut" im folgenden Kapitel widmen. Wie wir mittlerweile wissen und wohl auch die Verfasser von *Mulieris dignitatem* insgeheim ahnten, war die Frage nach Frauen im Weiheamt noch nicht erledigt, daher folgte 1994 mit *Ordinatio sacerdotalis* ein ausschließlich diesem Thema gewidmetes Dokument.

Mulieris dignitatem ist von allen römischen Dokumenten seit dem II. Vatikanischen Konzil bis heute das einzige, das sich ausschließlich der Frau widmet. Der Frau, nicht den Frauen. *Mulieris dignitatem* ist, anders als *Pacem in terris* am Anfang und ganz anders als *Instrumentum laboris,* keine wirkliche Auseinandersetzung mit dem Sein realer Frauen. Selbst da, wo die Gegenwart in den Blick kommt, ist es ein philosophischer Gegenentwurf zu den ersten lauteren Anfragen an die geschichtliche und soziale Bedingtheit von Geschlecht, nicht ein nüchterner Blick auf die vielgestaltige Realität von Frauen in unterschiedlichen katholischen oder nicht so katholischen Regionen der Welt. *Mulieris dignitatem* ist eine normative Meditation über das Sein-Sollen des Frau, fast schon trotzig wird den mehrfach zitierten Wandlungen der Welt ein ewiges Wesen entgegengesetzt, und da sich offenbar in den 1980er-Jahren aus kirchlicher Perspektive nichts dermaßen radikal wandelt wie die Frau(en), muss die Unwandelbarkeit eben an genau dieser in Erinnerung gerufen werden. Die Frau muss letztlich aufgrund ihres unwandelbaren Wesens im Kollektivsingular sein, da unterschiedliche Frauen womöglich unterschiedliche Lebensrealitäten oder gar Realitäten überhaupt bedeutet könnten. Und diese plurale Wirklichkeit darf es 1988 noch nicht geben.

Natürlich ist *Mulieris dignitatem* in dieser Betonung der Einheit und Unwandelbarkeit des weiblichen Wesens ein Zeitdokument gegen Aufbrüche und Ansprüche von Frauen in der westlichen Welt und der katholischen Kirche. Damals, in den 1980ern, haben nicht wenige engagierte Frauen (und sogar einige Männer) den Titel als Zynismus empfunden, als Maßregelung unter dem Deckmantel der Würdigung. Aus entsprechender zeitlicher Distanz trifft diese Unterstellung nicht zu. *Mulieris dignitatem* ist die vielleicht letzte Rettungsaktion der Frau als anderem, schützenswerten Wesen, ins Leben gerufen von Männern, die sich plurale Lebensrealitäten von Frauen ohne ontologischen Überbau und männlichen Schutz einfach nicht vorstellen konnten. Retro, aber aus der Distanz nicht ganz unromantisch.

Ein Verbot als letzter Rettungsversuch

„Sie sind ein sexistischer,
frauenfeindlicher Dinosaurier.“
(M, Leiterin des Geheimdienstes MI6
zu James Bond, Goldeneye, GB 1995)

Die 1990er-Jahre gelten im Rückblick aus dem Jahr 2015 als das goldene Jahrzehnt eines elaborierten Feminismus und der großteils eingelösten Versprechen der Frauenbewegung der 1970er-Jahre. Und – folglich? – als Krisenzeit von Männlichkeit. Ein bisschen stimmen beide Behauptungen. Das letzte Jahrzehnt des 20. Jahrhunderts war tatsächlich und sogar in Österreich jene Zeit, als Gleichberechtigung von Frauen im öffentlichen Leben, sprich Beruf, Karriere etc. schon halbwegs etabliert war, aber noch nicht wieder abfällig in Frage gestellt wurde. An den Unis und in anderen öffentlichen Bereichen wurden jene Gremien zur offiziellen Gleichbehandlung und Frauenförderung eingerichtet, die manche Männer bald insgeheim als weibliche Inquisition bezeichneten; die Frauenquoten stiegen und Frauenforschung war ein großes Thema, wobei einigen zu dämmern begann, dass es gut wäre, die Männer als Akteure nicht ganz auszublenden. „Draußen“ in der wirklichen Welt (Uni und Kirche sind gewissermaßen Paralleluniversen, mit schwankendem Realitätsbezug der Beteiligten) waren selbstständige junge Frauen als Heldinnen populärer Narrative en vogue, die im hautengen Minirock und mit reichlich rosa Lippenstift eigenhändig Bösewichte erledigten und mit Begriffen wie „Girlies" oder „postfeministisch" beschrieben wurden. Post-? In der Tat zeichnete sich, kaum dass Frauen einigermaßen erreicht, wofür viele von ihnen ab den 1970er-Jahren gekämpft hatten, ein gewisser Paradigmenwechsel ab, der das gerade Erreichte für selbstverständlich erachtete und einige ironische Brechungen des klassischen Feminismus produzierte. „Gute Mädchen kommen in den Himmel, böse überall hin", lautete eine bekannte Zusammenfassung in Form eines Bestseller-Buchtitels, die für die Theologie und ihre Vertreter beiderlei Geschlechts nicht einfach anzunehmen war – immerhin war die erste, brave Option ihr traditioneller Bonus. Und überall kommen zumindest katholische Mädchen nicht hin, selbst wenn sie böse sind, doch dazu gleich mehr.

Und die Männer im Allgemeinen? Sind in der Krise. Wenn sich sogar der sexistische Gentleman schlechthin, James Bond, der 1964 noch Mädchen mit einem Klaps auf den Po wegschicken konnte, eine derart harte Beurteilung seiner Existenz anhören muss, ist traditionelle Männlichkeit wirklich in die Krise gekommen. Unhinterfragter Sexismus war nicht einmal mehr in der Populärkultur ohne ironische Brechung möglich und Frauen als Vorgesetzte anstatt Hilfsmittel eine reale Denkmöglichkeit. Die Frage, wann denn nun ein Mann ein Mann ist, wie sie in einem der bekanntesten deutschen Popsongs schon 1984 gestellt wurde, erwies sich als umso prekärer, je mehr die Geschlechterrollen auf der einen Seite wegzubrechen begannen, soll heißen, je mehr Frauen männliche Tätigkeits- und Herrschaftsbereiche für sich entdeckten. Man könnte auch schreiben: einnahmen, eroberten, oder in solche eindrangen, aber das war traditionell jene Terminologie, welche von feministisch engagierten Frauen den Männern zugeschrieben und mit für den Zustand der Welt und Geschlechterungerechtigkeit verantwortlich gemacht wurde. Und damit sind wir bei jenem Begriff, der bisher noch keine Rolle zu spielen schien: Macht. Natürlich waren Geschlechterrollendiskurse schon immer Machtdiskurse, im realen Sinn von Recht und Wirtschaft, und im symbolischen Sinn, wenn es um die Definition von Geschlecht ging. Macht und Herrschaft waren in den ersten Jahrzehnten etwas, das als typische Kennzeichen – Theologinnen sprachen dann gerne in ihrer Tradition von „Sünden" – des Patriarchats betrachtet und überwunden werden sollten. In Wahrheit führen aber Frauen in vormals Männern vorbehaltenen beruflichen Positionen nicht dazu, dass diese Positionen macht- und herrschaftsfrei werden (obwohl auch das passieren kann), sondern dazu, dass Frauen Macht haben und in einem hierarchischen System weiter oben stehen als früher. Männliche Identität, jahrtausendelang wesentlich über Macht definiert, musste damit in die Krise kommen.

Ordinatio sacerdotalis ist der lehramtliche Beitrag zum Thema männliche Macht in der Krise.

Ordinatio sacerdotalis (1994)

In der Theologie war es im deutschen Sprachraum mittlerweile schick, an den Fakultäten feministische Theologie zu „haben", und die eine oder andere Professorin wurde gerne und oft in der Riege ihrer männlichen Kollegen fotografiert, katholisches Gruppenbild mit Dame eben. Besagte Professorinnen ließen sich allerdings nicht nur fotografieren, sondern lehrten gleichzeitig einen anderen Blick auf die Theologie und ihre Aussagen zu den Geschlechterverhältnissen, von der Bibel bis zur Philosophie und Moral, und weil die Hörsäle nicht gerade hermetisch abgeschlossen und die Frauen drinnen wie draußen neugierig waren, verbreiteten sich diese anderen Blicke und Auslegungen rasch, sodass in kirchlichen oder kirchennahen Frauenbildungsprogrammen ganz selbstverständlich über vergessene Frauentraditionen und gegenwärtige Wiederentdeckungen gesprochen wurde. In diesem Höhenflug war es eigentlich nur logisch, dass laut darüber nachgedacht wurde, die für den weltlichen Bereich sogar von der Kirche zugebilligten gleichen Rechte und Pflichten auch innerkirchlich einzumahnen. Und damit war zwangsläufig die Frage nach dem Zugang von Frauen zum Priesteramt auf dem Tapet. Und damit die Frage nach Macht und Herrschaft. Angedeutet hatte sich das Thema bereits früher, siehe *Inter insigniores* und *Mulieris dignitatem.* Und, wie ein im kirchlichen Umgang geübter Kollege zu sagen pflegt, was verboten wird, ist schon gedacht worden. In der Tat. Gedacht wurde die Weihe von Frauen zum Priester bzw. zur Priesterin schon viel, viel früher, wie werte Kolleginnen aus dem historischen Bereich aufgezeigt haben. Getan wurde aber offiziell nie, und wo es Frauen mit verschiedenen Arten pastoraler und liturgischer Vollmacht gab, waren es immer verschiedene Teilstücke. Der Befund, dass Frauen hier etwas nicht dürfen, Männer aber schon, ist also richtig. Und in den 1990er-Jahren fiel es erstmals so richtig auf, nachdem rundum die Männerbastionen fast alle gefallen waren, von diversen Geheimbünden und den Wiener Philharmonikern einmal abgesehen.

Ordinatio sacerdotalis ist, sprach- und kulturwissenschaftlich betrachtet, ein interessanter Text. Im Kern ist er ein Verbot. Ein Verbot, die Möglichkeit der Priesterweihe für Frauen überhaupt zu diskutieren. Die Begründung dafür ist aus *Inter insigniores* und *Mulieris dignitatem* bekannt: Jesus hätte nur Männer als Apostel berufen etc. Was aber genau sagt uns das Dokument über das Thema Frauen?

Zunächst einmal wird Paul VI. mit *Inter insigniores* zitiert: „... daß der Ausschluß von Frauen vom Priesteramt in Übereinstimmung steht mit Gottes Plan für seine Kirche." 1994 sagte man das Gleiche, aber mit mehr Blümchen und Rüschen: Frauen könnten doch nie und nimmer durch diesen Ausschluss diskriminiert werden, immerhin sei ja auch „die" Frau schlechthin, Maria, nicht zum Priester geweiht worden, bzw. im O-Ton: „Im übrigen zeigt die Tatsache, daß Maria, die Mutter Gottes und Mutter der Kirche, nicht den eigentlichen Sendungsauftrag der Apostel und auch nicht das Amtspriestertum erhalten hat, mit aller Klarheit, daß die Nichtzulassung der Frau zur Priesterweihe keine Minderung ihrer Würde und keine Diskriminierung ihr gegenüber bedeuten kann, sondern die treue Beachtung eines Ratschlusses, der der Weisheit des Herrn des Universums zuzuschreiben ist." (3)

Die Weisheit des Herrn des Universums zu bemühen ist vielleicht etwas viel des Guten, aber offensichtlich nötig, wo es mit den irdischen Herren und ihrer Herrschaft nicht mehr so weit her ist 1994. Aber immerhin: Als „heilige Märtyrerinnen, Jungfrauen, Mütter" wirken Frauen seit Beginn des Christentums im Dienste Gottes und der Kirche, insbesondere durch die Erziehung im Glauben. Wir lassen jetzt dezent beiseite, dass die beiden ersten genannten Kategorien von Frauen entweder keine Kinder hatten oder aber diese des Martyriums wegen recht unmütterlich den nächstbesten Verwandten überantworteten. Bemerkenswert ist eher die Reduktion auf diese drei Kategorien an sich, welche die Kirchenlehrerin, in *Mulieris dignitatem* noch lobend erwähnt, ebenso verschweigt wie alle anderen Möglichkeiten. Am bemerkenswertesten ist aber vielleicht die Aufnahme ausgerechnet jenes Zitates aus *Inter insigniores*, wo als wahre Aufgabe der Frau „die Erneuerung und Vermenschlichung der Gesellschaft" und die Neuentdeckung des „wahren Antlitz der Kirche" angeführt sind. Was darf man/frau daraus schließen? Männer sind verantwortlich für eine verkrustete, veraltete und entmenschlichte Gesellschaft und ein entstelltes Antlitz der Kirche. Das klingt schon fast wie radikaler Feminismus à la Heide Göttner-Abendroth. Und – rein wissenschaftsgeschichtlich betrachtet – gibt es da sogar eine innere Verwandtschaft. Frauen, das wissen wir seit spätestens *Mulieris dignitatem*, sind andere Wesen, schutzbedürftig, dienstbar, fürsorglich, vor allem aber mütterlich. Unabhängig von ihrer sozialen, ethnischen und sonstigen Einbettung gibt es ein allgemeines weibliches Wesen. Diese Universalie Frau wird als Gegenbild zur realen Männerwelt verstanden, die vermutlich ebenfalls eine Universalie ist, aber nicht so explizit abgehandelt wird. Und genau in dieser idealisierten Gegenbildlichkeit besteht denn auch der wahre Beitrag der Frau: Lieb, nett, freundlich würde man in bourgeoiser Terminologie sagen, theologisch überhöht heißt das demnach „Beitrag zu Vermenschlichung der Gesellschaft". Damit ist der lehramtliche Text nicht weit vom sogenannten Differenzfeminismus der 1980er- und frühen 1990er-Jahre entfernt, wo eine von Frauen gelenkte Gesellschaft ohne Hierarchien als Rettung aus allen Übeln nach dem Sündenfall gesehen wird. Es ist nur ein kleiner Schritt von lehramtlichen Meditationen zum Wesen der Frau hin zum Differenzfeminismus. Der allerdings, wenn es um die Frage der Macht geht, zur Aporie wird: Wenn Frauen tatsächlich so anders sind, lässt sich in diesem Anderssein leicht ihre mangelnde Eignung für bestimmte Ämter begründen. Interessanterweise operiert *Ordinatio sacerdotalis* nicht für beide Geschlechter mit einem ausdrücklichen Wesensargument. Es wird nirgends positiv formuliert, welchen Beitrag die Männlichkeit für die Gesellschaft und die Kirche einfach durch Männlichkeit, männliches Wesen oder ähnliches geleistet hätte, es gibt nur die Ex-negativo-Formulierung hinsichtlich des Zustandes der Welt, siehe oben. Männer können Priester werden, weil Jesus Männer als Apostel ausgesucht hat, so weit, so gut. Dies sei, sagt das Dokument, eben nicht dem historischen patriarchalen Kontext geschuldet, den Jesus sonst auch nicht besonders ernst genommen habe – immerhin, dass der historische Kontext in puncto Frauen nicht ideal war, hat man nochmals zur Kenntnis genommen. Die Wahl von Männern wird ausschließlich voluntaristisch begründet: „Christus erwählte die, die er wollte." (2)

Und was will die Kirche?

Genau das tut letztlich die katholische Kirche auch. Sie lässt nur jene zu Priestern weihen, die sie, in Gestalt ihres Ortsordinarius, will (ob die Gläubigen diese Weihekandidaten genauso wollen, steht auf einem anderen Blatt). Und sie will keine Frauen.

Nicht, dass das für eine Institution, die ihr eigenes Recht hat, nicht legitim wäre. Es ist nur irgendwie armselig, vor allem in direkter Konfrontation, wie vor Ort beobachtet, zu sagen: „Wir würden ja eh, und seid's uns bitte nicht böse, aber Jesus wollte halt nicht."

Bedeutend ehrlicher wäre zum Beispiel das Argument, dass man mit der Zulassung von Frauen zum Weiheamt gleich einige Schismen innerhalb der Weltkirche produzieren würde, oder dass man den vielgepriesenen Dialog mit der orthodoxen Kirche auf Eis legen würde. Frauen haben eben tendenziell weniger Gewicht als Männer, ob nun ihrer Natur oder ihrem Wesen geschuldet.

Man könnte allerdings ein weiteres Stück ehrlicher sein und sagen, dass man sich schlicht und einfach neben allen anderen Bereichen des weltlichen Lebens und den verschiedenen Abteilungen der Ordinariate in den letzten Refugien des männlichen Klerus nicht auch noch mit Frauen herumstreiten will. Oder man könnte brutal ehrlich sein und ansprechen, dass es um Macht geht. Exklusivität auf etwas, einen Beruf, ein Amt, bestimmte Handlungen bedeutet immer gleichzeitig Macht. Da können beide Seiten (Frauen, die gerne Priester wären und Männer, die sie nicht so gerne als Priester sehen möchten) noch so sehr vom Dienst reden, die Weihe ist das Eintrittsticket zu bestimmten Gremien und in die Hierarchie. Und exklusive Macht wird ungern geteilt, das lässt sich an reinen Frauengremien und -institutionen genauso beobachten wie bei allen anderen Gruppen, die auf Ausschlusskriterien basieren – und als inzwischen langjähriges Mitglied einer österreichischen Universität darf ich anmerken: Die Unterscheidung in berufene und außerordentliche

Professoren beiderlei Geschlechts ist mindestens ebenso eine Differenz *non gradu tantum sed essentia in aeternum* (nicht nur dem Grad, sondern dem Wesen nach in Ewigkeit) wie es für den Priester nach der Weihe im Unterschied zum Laien heißt, nur bemühen sich in diesem wie anderen gesellschaftlichen Kontexten mit starker Hierarchisierung nur die allerwenigsten um eine Begründung in der Schöpfungsordnung (obwohl, einige Kollegen würden mir sogar hier einfallen).

Die katholische Kirche ist definitiv nicht der Ort für den Habermaß'schen herrschaftsfreien Diskurs und *Ordinatio sacerdotalis* eben eine deutliche Erinnerung daran. Das leugnen oder überwinden zu wollen ist erstens unehrlich und zweitens sinnlos.

Wofür das Dokument hingegen sehr wohl brauchbar und durchaus segensreich sein könnte, ist ein Diskurs über die vielfältigen Zusammenhänge von Macht und Geschlecht im Allgemeinen und in Sachen katholischer Religion im Besonderen. Solange Frauen so tun, als widerspräche es ihrem Wesen, offen Macht zu wollen, spielen sie das Spiel der Männer mit, die sie letztlich nur davor bewahren, ihr Wesen zu verlieren. Wenn damit argumentiert wird, wie Frauen doch das Priesteramt erneuern und ihre Weiblichkeit einbringen könnten, ist dies wenig zweckdienlich und außerdem in verschiedensten weltlichen Bereichen als widerlegt beobachtbar. Aber darin sind sich Männer und Frauen in streng kirchlichen Kontexten wieder einig: Über Macht spricht man und frau wirklich nicht.

Die Außenwahrnehmung von *Ordinatio sacerdotalis* und der bis dato anhaltenden Folgen ist übrigens eine überschaubare. 1994 hatte die katholische Kirche in der Welt, selbst im katholischen Österreich, in Bezug auf Frauen längst das Image, „jenseits von Gut und Böse" zu sein, kaum jemand erwartete ernsthaft, dass die Kirche die Priesterweihe für Frauen in ihr Programm aufnehmen würde. Schon gar nicht die Frauen. Zumindest nicht jene überwiegende Mehrheit, die sich von der Kirche nach 1968 verabschiedet hatte und in der Regel gerade noch ein loses Taufscheinverhältnis mit ihr unterhielt. *Ordinatio sacerdotalis* bestätigte diese Frauen in ihrer Meinung über die katholische Kirche und ihre Vertreter als sexistische Dinosaurier. Schlimm war das päpstliche Schreiben für jene Frauen in der (deutschsprachigen) Kirche, die noch immer gehofft hatten, beflügelt durch die Erfolge der feministischen Theologie und ihre zunehmende Akzeptanz und Rezeption durch Männer von laikalem wie klerikalem Status. Über das Priestertum für Frauen zu sprechen war fortan mitunter, je nach zuständigem Bischof, ein Schritt zur Häresie. Bis heute rangiert die Frage unter jenen Themen, von denen nicht nur junge, sondern auch arrivierte Kolleginnen tunlichst die Finger lassen. Im akademischen Kontext war und ist das nur insofern schlimm, als Denkverbote verpönt sind, ansonsten ist frau findig genug, sich mit anderen Themen zu befassen. Schlimmer trifft *Ordinatio sacerdotalis* bis heute die pastorale Praxis, wo Frauen häufig mangels geweihter Häupter alles Mögliche tun und tun müssen, sich aber dann vom Kaplan sagen lassen können, was sie sicher nicht tun, ja, nicht einmal denken dürfen.

Solange Frauen aber für das Lehramt andere Wesen sind, deren Aufgabe es ist, all das zu sein, was Männer im Umkehrschluss nicht sind und vielleicht nicht sein wollen, lohnt es sich in dieser Causa nicht, auch nur im Geheimen weiterzudenken. Und als PS für alle, die den besagten James-Bond-Film, aus dem unser einleitendes Zitat für dieses Kapitel stammt, kennen, aber vielleicht die katholische Kirche nicht so genau: Es gäbe durchaus reale Frauen, welche die wenig schmeichelhafte Zuschreibung vom sexistischen Dinosaurier einigen klerikalen Männern ins Gesicht sagen würden, aber sicher nicht öffentlich.

Exkurs II:
Thomas von Aquin meets Judith Butler

Natürlich ist die Überschrift irreal: Selbst eine Zeitmaschine à la „Zurück in die Zukunft" würde nicht reichen, um „den" Theologen des Mittelalters mit der jüdischen Philosophin in einer akademischen Diskussion zu konfrontieren: Im Mittelalter diskutiert ein christlicher Mann nicht mit einer Frau aus einer anderen Religion – und umgekehrt wäre Thomas heute wohl vieles, aber sicher kein Scholastiker. Dennoch gehört dieser fiktionale Disput zu meinen gedanklichen Lieblingsszenarien.

Wir erinnern uns (oder auch nicht): Thomas von Aquin tätigt, die aristotelische Tradition aufgreifend, die Feststellung, die Frau sei *mas occasionatus*, also ein missglückter Mann. Dieser Feststellung zugrunde liegt einerseits die antike medizinische Lehre von der weiblichen Anatomie als introvertierter, abgeschwächter Variante der männlichen Geschlechtsorgane und andererseits die philosophische Grundannahme, dass alles Seiende hierarchisch vom Vollkommenen immer weiter degeneriert und die Frau dementsprechend vom vollkommenen Menschen, dem Mann, unvollkommen „kopiert" wurde. Und diese aus heutiger Sicht zweifelsohne auf den ersten und zweiten Blick misogyne Deutung, wie sie bis in die Neuzeit fortlebt, eignet sich wie sonst wenig zur Verdeutlichung dessen, was „die" Theoretikerin des Terminus Gender, Judith Butler, wirklich meint.

Allein der Name der US-amerikanischen Philosophin scheint in kirchlichen Kreisen derart tabuisiert, dass man sie nie beim Namen nennt – wie früher den Teufel, und selbst in jenen theologischen Kreisen, die sich für aufgeschlossen halten, darf Butler kaum erwähnt werden. Alle, die also jedes Mal drei Kreuzzeichen machen, wenn ihr Name fällt, sollten diesen Exkurs überspringen. Was schade wäre, denn wer die folgenden Dokumente, also Über *die Zusammenarbeit von Mann und Frau* und *Instrumentum laboris* in seiner ersten Fassung, verstehen will, sollte Butler kennen, die dort als ungenannter Geist (oder Ungeist, folgt man den Autoren) über den textlichen Wassern schwebt. Wir versuchen daher zumindest kurz und ganz traditionell strukturiert (als kleiner Ausgleich für alle, die sich beim Begriff Gender gleich im postmodernen Chaos wähnen), nachzuvollziehen, was wer meint, wenn von Gender die Rede ist.

Die Propositio bzw. These von Judith Butler lautet, auf den Punkt gebracht: Nicht nur die Rollenzuschreibungen von Mann und Frau sind kulturell bedingt, sprich, dass Männer Karriere mach(t)en und Frauen koch(t)en, sondern auch das, was bis dahin als *sexus*, also biologisches Geschlecht, verstanden wurde, ist der kulturellen Interpretation unterworfen. Spätestens an diesem Punkt steigen die allermeisten, auch akademisch graduierten Theologen und das jüngst wieder gerne zitierte gesunde Volksempfinden aus und formulieren ihr erstes Argument (*argumentum primum*): Zumindest unter der Dusche gibt es wohl noch Männlein und Weiblein, lautet die Reaktion auf Butlers These. (Nein, eigentlich formulieren werte Kollegen außerhalb des Hörsaals noch viel deutlicher, aber das sollte schriftlich lieber nicht wiedergegeben werden.) Und hier kann uns für eine erste Antwort (*respondeo*) Thomas von Aquin wirklich helfen: Seine Annahme über die Frau als unvollkommenen Mann erklärt nämlich idealtypisch das, was Butler wirklich meint. Natürlich ist die Philosophin nicht so dumm zu leugnen, dass sich in der Regel und je nach Ausprägung des sogenannten Gössergürtels unter der Dusche anatomische Differenzen erkennen lassen. Was Butler postuliert, ist die kulturell bedingte und durchaus variable Interpretation dieser Duscherkenntnisse. Oder eben: Die körperliche Differenz muss nicht zwangsläufig als grundlegende Differenz von allem Anfang und bis in alle Ewigkeit gedeutet werden, sondern ein gebildeter Zeitgenosse, zum Beispiel ein Student des heiligen Thomas, hätte unter der Dusche die Differenz als Defizienz gedeutet, sprich, die Frau durch das definiert, was ihr so alles fehlt. Auch das ist natürlich eine historisch unmögliche Rekonstruktion, geduscht wurde im Mittelalter eher selten und gemeinsam schon gar nicht und erst recht nicht von einem braven Theologiestudenten. Aber was uns diese leider nie stattgefunden habende Duschszene veranschaulicht: Die Biologie kann unterschiedlich erklärt werden, je nachdem, welches Modell wir eben zur Verfügung haben – und es muss nicht immer ein streng binäres Modell sein.

Und wer jetzt einwendet, dass dies eben weltfremde scholastische Philosophie sei, vergleichbar mit den unendlich vielen Engeln auf der Nadelspitze (die übrigens Thomas so wirklich nie postuliert hat), der sei daran erinnert, dass mittelalterliche Ärzte Frauen mit diesem anatomischen Modell der Defizienz im Kopf behandelten.

Conclusio: Die wirkliche Gendertheorie von Judith Butler hat also wenig bis gar nichts mit dem zu tun, was im populären bis populistischen Diskurs als Gender verstanden wird. Weder die Schwestern noch die Töchter in religiösen und pseudoreligiösen Texten sind Gender im Sinn von Butler, im Gegenteil, schreiben sie doch die Annahme einer unverrückbaren Binarität fest und machen diese erst so richtig sichtbar. Das ist Gleichberechtigung oder diese soll zumindest ausgedrückt werden. Das ist möglicherweise Frauenförderung. Gender im Sinn von Butler ist es nicht. Wer also keine Schwestern und Töchter nennen will, sollte korrekterweise gegen Gleichstellung und Sichtbarmachen von Frauen sein, nicht gegen Gender.

Der Fairness halber muss man sagen, dass nur wirklich unbedarfte Gestalten im Namen der katholischen Kirche im europäischen Kontext Gender in diesem Sinn verwenden. Was aber meinen kirchliche Dokumente, wenn sie von Gender oder Gendertheorie oder, seit Neuem beliebt, von Genderideologie sprechen?

Unordnung, Auflösung, In-Frage-Stellung sind die zentralen Assoziationsbegriffe zu Gender, also durchaus semantisch verwandt mit dem englischen Titel des Butler'schen Werkes *Gender Trouble*. Und in der Tat: Mit der Erkenntnis der geschichtlichen und kulturellen Bedingtheit der Geschlechterrollen und der wechselvollen Deutung der biologischen Fakten stellt sich, so man bis dahin mitgedacht hat, zwangsläufig die Frage nach Alternativen zum leicht fasslichen Mann-Frau-Schema. Wenn nicht einmal die Biologie eindeutig ist, was bestimmt dann noch, wen ich begehren, was ich anziehen, wie ich mich nennen, wer ich sein soll? – Erste Frage bzw. *questio prima*. Und was tun mit Jahrhunderten normativer Anthropologie, wenn manche Menschen sich diese Frage gar nicht mehr stellen? –Zweite Frage bzw. *questio secunda*. Die *questio prima* scheint recht weit verbreitet zu sein, und treibt alle um, die sich in einer uneindeutigen Welt nach Eindeutigkeit wenigstens in ihrem eigenen Körper sehnen. Die zweite Frage ist eine kirchenspezifische, fühlt man sich doch dem Schöpfungsbericht von Mann und Frau verpflichtet. Und jener neuralgische Punkt, an dem sich die beiden *questiones* treffen, ist ein ohnehin wunder Punkt der katholischen Kirche: Der Umgang mit alternativen Sexualitäten, was in katholischen Kreisen in der Regel Homosexualität bedeutet – andere Alternativen übersteigen den Vorstellungshorizont. Wenn die geschlechtliche Identität derart fluide ist, gibt es dann die klare Trennung in Hetero- und Homosexualität, in fortpflanzungsorientierte und bloß der Lust dienende, in natürliche und widernatürliche, kurz, in erlaubte und verbotene Sexualität überhaupt noch? Und damit tauchen all jene Fragen, die wir seit *Humanae vitae* kennen, nochmals auf einer sehr grundsätzlichen Ebene wieder auf und werfen das sorgsam gepflegte Konzept zielgerichteter, geordneter Sexualität über den Haufen.

Mit Butler und der Aufnahme ihrer Theorie in Wissenschaft und Gesellschaft findet ein Paradigmenwechsel statt, der nicht nur kirchliche Männer dezent überfordert: War man in den 1970er- und 1980er-Jahren mit den Forderungen nach Gleichberechtigung in Geschichte und Gegenwart (Schwestern in historischen und liturgischen Texten und Weiheamt) konfrontiert und immer mehr Frauen in immer mehr auch kirchlichen Leitungspositionen, so konnte man dennoch deutlich die Frauen als die „anderen" ausmachen und je nach Machtfülle oder pastoraler Notwendigkeit den Forderungen nachgeben oder nicht. Und nachdem man sich so bemüht hatte, die Frauen zu nennen und etwas machen zu lassen, soll es auf einmal gar keine Frauen mehr geben, und damit wohl auch keine Männer mehr? Vor einer Anfrage an die angeblich so traditionelle Anthropologie (mit ihren realen Wurzeln in der bürgerlichen Aufklärung, siehe Exkurs „UnWesentliche Anmerkungen") kapitulierte bei vielen schließlich der gute Wille und es wurden fernab jeglicher ernsthaften, diskursiven Auseinandersetzung mit der Theorie jene Geschütze wieder herausgeholt, die man nach dem Zusammenbruch des Kommunismus ein wenig wehmütig eingemottet hatte: Endlich wieder eine Theorie, die es lohnen könnte, als Ideologie bezeichnet zu werden, und gegen die heldenhaft gekämpft werden kann.

Nicht jede philosophische Theorie hat das Zeug, in der wirklichen Welt und/oder in den Augen ihrer Gegner zur Ideologie zu werden. Auf Heideggers Phänomenologie hin kann man nicht die Icons auf Fußgängerampeln ändern oder eine Änderung des staatlichen Eherechts beantragen – nur Theorien, die Menschen entweder zwangsläufig treffen, weil sie autokratisch umgesetzt werden (Kommunismus) oder aber, weil sie den Menschen in seiner Identität zwangsläufig betreffen (Gender) wird die zweifelhafte Ehre zuteil, als Ideologien tituliert zu werden.

Frei nach Karl Marx darf man aber konstatieren, dass das gleiche historische Phänomen beim zweiten Mal als Komödie wiederkehrt. All jenen, die sich von Männern in Frauenkleidern und mit

Bart und gleichgeschlechtlichen Ampelmännchen/-weibchen/-wesen ideologisch bedroht fühlen, ist die Lektüre oder auch Zeitzeugenerzählung aus dem realen Sozialismus und kommunistischen Paradies der Werktätigen anzuraten, eine kleine Reise nach Nordkorea kann ebenso helfen, die Relationen zurechtzurücken. Gender ist zweifelsohne eine schwierige philosophische Theorie (die allerwenigsten haben Butler gelesen, geschweige denn verstanden) mit dem Potenzial, die ohnehin längst erkennbaren Brüche und altersbedingten Verzerrungen der abendländischen Anthropologie seit der Aufklärung zu benennen und teilweise zu erklären. Da die Frage nach der geschlechtlichen Identität jeden und jede (und jedes, müsste man wohl konsequenterweise anfügen, aber selbst das klingt irgendwie diskriminierend) betrifft, fühlen sich auch die meisten irgendwie betroffen und verwenden das theoretische Konzept je nach Interessenslage als Begründung der eigenen Existenz affirmativ oder defensiv. Zur Ideologie im Sinn des Kommunismus taugt Gender aber schon aufgrund seiner der Theorie innerlichen Unbestimmtheit nicht wirklich.

Eines hat das Konzept jedenfalls bewirkt: Aus der Frauenfrage ist eine Frage der Geschlechter geworden, selbst in kirchlichen Dokumenten, und die Notwendigkeit der Suche nach einer neuen Anthropologie angesichts der konstatierten Unordnung wird 2015 klar benannt. Für diese Suche wäre ein Treffen von Thomas von Aquin und Judith Butler mit Sicherheit hilfreich.

Alte und neue
Schutzbedürfnisse

„Ich habe das starke Gefühl,
dich beschützen zu müssen."

(Twilight, USA 2005)

Wir schreiben 2004, das Jahr 3 nach 9/11, sprich der nachhaltigen Erschütterung des Selbstbewusstseins der westlichen Welt. Diese Welt, nicht einmal unsere bevorzugte, zivilisierte Ecke, ist kein sicherer Ort mehr. Wir brauchen wieder Schutz. Schutz vor all jenen, die uns tatsächlich oder vermeintlich bedrohen. Die Frage ist nur: Wer beschützt uns? Haben wir nicht seit 1945 die Männer als traditionelle Beschützer des Abendlandes mehrfach hinterfragt, ja sie als „sexistische Dinosaurier" beschimpft? 9/11, darin sind sich fast alle fernab jeglicher theologischen Überlegungen einig, ermöglicht ein Comeback des männlichen Helden. Natürlich, der Klaps auf den Po von 1964 geht nicht mehr, und die Chefin ist sogar in der filmischen Geheimdienstvariante vorläufig noch auf ihrem Posten. Auch sind die vergangenen Jahrzehnte an den Helden nicht spurlos vorübergegangen. Ein wenig gebrochen und desillusioniert sind sie alle, deutlich zölibatärer veranlagt als noch in den munteren Dekaden der 1960er- bis 1980er-Jahre, aber gleichzeitig eher kompromisslos gewaltbereit. Und im Unterhaltungsprogramm wesentlich erfolgreicher als im realen, zermürbenden Krieg gegen den Terror. Wer allerdings gegen derartige Feinde, die ja auch eine Steinzeitvariante von Maskulinität zelebrieren, kaum noch antreten darf, sind weibliche Helden. Wo Frauen als aktive und aggressive Protagonistinnen überhaupt noch erscheinen, haben sie einen starken Vater Staat hinter sich, und selbst der hilft nicht immer.

Konsumiert man nach 9/11 eifrig mediale Populärkultur, erhält man unweigerlich den Eindruck, Frauen möchten vor allem eines: beschützt werden. Beschützt natürlich vor den fremden Bösewichten, beschützt aber auch vor all jenen Männern zu Hause, die weibliche Autonomie mit sexueller Verfügbarkeit verwechseln und die ihr seit den 1990er-Jahren ramponiertes männliches Ego mit Gewalt gegen Frauen aufpolieren wollen. Mitte der sogenannten Nullerjahre beginnt jener Trend sichtbar zu werden, der mittlerweile und wohl noch ein wenig länger Soziologen und vor allem die Frauenforschung beschäftigen wird – Sehnsucht nach einer Beziehung, wie man sie sich mit einem Geburtsjahrgang ab 1980 als traditionell vorstellt: Treusorgender, beschützender Mann, zwei Kinder, und die wahre Liebe auf immer und ewig. Diese Sehnsucht wird auch nicht dadurch geringer, dass die Scheidungsstatistik vom oft raschen Ende der ewigen Liebe zeugt, im Gegenteil: Eben weil so viele Frauen dieser Generation von klein auf mit endlichen Beziehungen und allein gelassenen, überforderten Müttern konfrontiert waren, ersehnen sie umso mehr ein nie erfahrenes Ideal, das vor allem das Gegenteil sein soll von der eigenen umgebenden Realität. Zu soziologisch-abstrakt? Lesen Sie (reicht auch kursorisch) den Megabestseller aus dem Jahr 2005, die Teenie-Romanze

„Twilight". Aschenputtel sitzt zu Hause, kocht, putzt, liest Jane Austen und wartet darauf, dass der sexuell enthaltsame Märchenprinz durchs Fenster steigt.

Und wenn Sie das gelesen haben, können Sie in das Dokument *Über die Zusammenarbeit von Mann und Frau in der Kirche und in der Welt* aus dem Jahr 2004 einsteigen.

Über die Zusammenarbeit von Mann und Frau in der Kirche und in der Welt (2004)

Man muss anerkennen, dass *Über die Zusammenarbeit von Mann und Frau in der Kirche und in der Welt* die ausführlichste Auseinandersetzung des kirchlichen Lehramtes mit den akademischen Geschlechterstudien seit deren Aufkommen bzw. Etablierung ist. Während das im Umfang vergleichbare *Mulieris dignitatem* natürlich ebenso eine Reaktion auf Anfragen und Forderungen der feministischen Theologie darstellt, sind diese dort niemals direkt als wissenschaftliche Diskurse angesprochen, sondern nur aus dem zeitgeschichtlichen Kontext rekonstruierbar. Über die Zusammenarbeit hingegen nennt als Ursache seines Entstehens gleich einmal diese „Denkströmungen" als Herausforderung für die Kirche, um sie allerdings im selben Satz und noch bevor überhaupt eine Auseinandersetzung mit ihnen erfolgt ist, als Irrweg zu verurteilen:

„Die Kirche, die besonders durch die Lehre von Johannes Paul II. zur Vertiefung dieses grundlegenden Themas beigetragen hat, wird heute von einigen Denkströmungen herausgefordert, deren Ideen oft nicht mit den genuinen Zielsetzungen der Förderung der Frau übereinstimmen." (1)

Nimmt man diese Aussage zusammen mit dem allerersten Satz des Dokuments, in welchem ausdrücklich auf den Beitrag und das Interesse der Kirche zum Thema Geschlechterverhältnis verwiesen wird – „Erfahren in der Menschlichkeit, ist die Kirche immer an den Belangen von Mann und Frau interessiert." (1) – so lässt sich dreierlei ableiten: Zum einen begibt sich das Lehramt offensichtlich freiwillig in Konkurrenz zu aktuellen akademischen Diskursen in einem Themenfeld, das unbedarfte Laien womöglich nicht als besonders relevant für die Theologie erachten würden. Zum zweiten wird postuliert, dass das Thema eben sehr wohl ein relevantes und genuin kirchliches sei, und drittens wird bereits im Titel und im ersten Satz kenntlich gemacht, dass es um die Geschlechter und nicht bloß um die Frauen geht. Oder zumindest gehen sollte. Letztlich wird zu einem überwiegenden Teil in Folge wiederum die Frau als Problem behandelt und nicht das gesellschaftliche und kirchliche Männerbild mit derselben Akribie untersucht – etwas, das ja bereits mit *Humanae vitae* zur Debatte gestanden wäre. Aber gut, zumindest der Ansatz, beide Geschlechter in den Blick zu nehmen, ist lobenswert.

Lobenswert ist auch die Deutlichkeit, mit der gleich im ersten Absatz von Kapitel 1 Position bezogen wird: „In den letzten Jahren haben sich in der Auseinandersetzung mit der Frauenfrage neue Tendenzen abgezeichnet. Eine erste Tendenz unterstreicht stark den Zustand der Unterordnung der Frau, um eine Haltung des Protestes hervorzurufen. So macht sich die Frau, um wirklich Frau zu sein, zum Gegner des Mannes. Auf die Missbräuche der Macht antwortet sie mit einer Strategie des Strebens nach Macht. Dieser Prozess führt zu einer Rivalität der Geschlechter, bei der die Identität und die Rolle des einen zum Nachteil des anderen gereichen. Die Folge davon ist eine Verwirrung in der Anthropologie, die Schaden bringt und ihre unmittelbarste und unheilvollste Auswirkung in der Struktur der Familie hat." (1)

Protest, Streben nach Macht, Rivalität, Verwirrung und Schaden: Deutlicher geht es nicht. Die Welt ist dank der Frauen nun endgültig in Unordnung gekommen, und all jene Substantiva, die in der katholischen Kirche ohnehin spätestens seit dem Anbruch der Moderne, im Grunde aber seit den ersten Jahrhunderten negativ besetzt waren, werden nun offen Frauen zugeschrieben – eigentlich der beste Beweis dafür, dass Frauen etwas erreicht haben und eben nicht mehr die harmonischen Ergänzungen und schutzbedürftigen Wesen der 1960er-Jahre sind. Und genau darin liegt das wirkliche Problem der Kirche: Frauen wollen nicht nur aktiv am gesellschaflichen Leben teilnehmen, was ihnen bereits *Pacem in terris* zugestanden hat, Frauen wollen auch nicht mehr einfach die gleichen Möglichkeiten und Ämter in der Kirche haben wie Männer (*Ordinatio sacerdotalis*), sie wollen selbst definieren, was sie sind, ja, was Frauen überhaupt sind und was dieses Frausein ausmacht und – am allerschlimmsten: Sie stellen in Frage, ob Frausein überhaupt eine unveränderliche ontologische Kategorie ist, sprich ob die Frau ein überzeitliches Wesen ist oder womöglich vieles und viel mehr, als man bisher behauptet hat.

Wenn schon die reale Macht der Männer zu bröckeln beginnt, wenn schon Frauen 2004 in allen Ämtern zu finden sind, für die es nicht wirklich einen geweihten Mann braucht, dann bitte schön müssen wenigstens die Männer noch bestimmen können, was diese Frauen, die fast überall mitregieren, sind. Die Definitionshoheit über die Geschlechter muss beim Mann bleiben, und, im katholischen Lehramt folgerichtig beim Kleriker. Fällt die Definitionshoheit, fällt nicht nur die tradierte Ordnung in der Gesellschaft, sie gerät auch in den Köpfen in Verwirrung – und nichts macht mehr Angst als äußere und innere Unordnung zugleich. Wie wir bereits gesehen haben, gibt es diese Angst nicht nur in der kirchlichen Hierarchie, sondern nach 9/11 wieder zunehmend in der profanen Gesellschaft, doch tut sich diese deutlich schwerer, zur Ordnung zu rufen, sie muss dafür auf verschiedene staatliche Instrumente und Imagekampagnen der Populärkultur zurückgreifen.

Da hat es die katholische Kirche zumindest theoretisch oder besser gesagt, de iure, also dem Kirchenrecht nach, um einiges leichter: Sie hat ein Lehramt und zum Glauben verpflichtete Schäfchen. De iure.

Letzter Aufruf zur Ordnung

Über die Zusammenarbeit von Mann und Frau ist noch weit mehr ein Ruf zur Ordnung als es *Ordinatio sacerdotalis* war. Es ist ein Aufruf zur Wiederherstellung der alten Ordnung in den Köpfen, ein Zurück zu jenem Bild der Frau, wie es seit *Gaudium et spes* so sorgfältig gepflegt und entfaltet wurde, spätestens seit *Mulieris dignitatem* kirchlicherseits im Wissen darum, dass die Realität sich von diesem Bild immer weiter entfernt. 2004 ist nicht nur der Bruch zwischen Idealbild und Wirklichkeit unübersehbar geworden, mittlerweile wird das Idealbild selbst als – jetzt kommt das für manche ganz böse Wort – Konstruktion enttarnt, der man oder frau genauso gut andere Konstruktionen entgegensetzen könnte. Das Wesen der Frau steht zur Diskussion, weil der Wesensbegriff überhaupt längst zur Diskussion steht und damit ein Grundpfeiler der traditionellen theologischen Anthropologie. Die Angst, die aus den ersten Sätzen des Dokuments spricht, ist also, wenn man es gern traditionell hat, nicht unberechtigt. Und erst recht nicht, wenn diese traditionelle Anthropologie als Basis für ein Gesellschaftsbild dienen soll, wie es seit *Gaudium et spes* beschworen wird: Die Familie aus Vater, Mutter, Kindern mit klarer Rollenverteilung. Die Infragestellung des traditionellen Frauenbildes, also jenem der 1950er- und frühen 1960er-Jahre, mündet logischerweise in einer Infragestellung eines traditionellen Familienbildes – die Frage ist, ob man das zwangsläufig schlecht finden muss. Man muss, sagt uns das Schreiben von 2004. Folgerichtig bewegen wir uns nur einen Absatz weiter in jenes Minenfeld hinein, mit dem sich zehn Jahre später die erste Version von *Instrumentum laboris* beschäftigen wird: „Diese Anthropologie, die Perspektiven für eine Gleichberechtigung der Frau fördern und sie von jedem biologischen Determinismus befreien wollte, inspiriert in Wirklichkeit Ideologien, die zum Beispiel die Infragestellung der Familie, zu der naturgemäß Eltern, also Vater und Mutter, gehören, die Gleichstellung der Homosexualität mit der Heterosexualität sowie ein neues Modell polymorpher Sexualität fördern." (2)

Dieser Satz liest sich im Jahr 2015 wie ein Déja-vu, könnte er doch genauso aus der aktuellen Debatte im Zuge der Vorbereitung der Familiensynode 2015 stammen, oder auch aus einem rechtskonservativen Parteiprogramm (allerdings, dort gäbe es weniger Fremdwörter). *Über die Zusam-*

menarbeit von Mann und Frau markiert sehr schön die Diskussionspunkte und Bruchlinien in den Diskursen rund um die Geschlechterrollen, wie sie seit gut zehn Jahren geführt werden. Und diese fokussieren sich auf einen Brennpunkt, der in brutaler Deutlichkeit lautet: Familie.

Natürlich, Sex ist gut katholisch immer ein Thema und die Angst vor Sodom und Gomorrha haben wir schon in *Gaudium et spes* kennengelernt. Aber mit diesem Dokument tut sich erstmals für alle erkennbar jene Frage auf, die in regelmäßigen, aber immer kürzeren Abständen Kirchenvertreter zu pathetischen Worten greifen lässt: Wie hängen alternative Sexualverhalten und Familie zusammen und warum sollen an diesem postulierten Zusammenhang die Frauen schuld sein?

In der Tat spricht *Über die Zusammenarbeit von Mann und Frau* hier, wenn auch im Vergleich zum Rest des Dokuments nur kurz, eine Verbindung an, die in klerikalen Köpfen immer stärker etabliert wird, liest man die Schlagzeilen zur bevorstehenden Familiensynode: Frauen, Sexualität und alternative Lebensformen. In den bösen, gottlosen Kulturwissenschaften würde man sagen: Alles, was nicht heterosexuell und männlich ist, war und ist ein Problem.

Theologisch sieht man das natürlich anders, wie gerade der Text von 2004 ausführlich erörtert, nämlich – auch das seit *Mulieris dignitatem* nicht ganz unbekannt – als Widerspruch zur uranfänglichen Schöpfungsordnung. Und wie 1988 lohnt hier nicht, die Detailexegese zu widerlegen, denn bibelwissenschaftlichen Anspruch hatten und haben diese Dokumente nicht in erster Linie. Wieder geht es darum, das aktuelle lehramtliche Ideal als überzeitlich abzusichern und so gegenwärtigen Anfragen zu entziehen.

Doch, ebenfalls in der Einleitung, passenderweise wie die vorhergehenden Zitate unter „Das Problem" subsummiert, beschleicht einen der Verdacht, dass es außerdem um etwas anderes geht, was nun wahrlich theologiegeschichtlich keine neue Diskussion ist, aber nun als Denkprodukt von Geschlechtertheorien präsentiert wird: Die Frage von freier Entscheidung und Vorherbestimmung.

„Gemäß dieser anthropologischen Perspektive hätte die menschliche Natur keine Merkmale an sich, die sich ihr in absoluter Weise auferlegen: Jede Person könnte und müsste sich nach eigenem Gutdünken formen, weil sie von jeder Vorausbestimmung auf Grund ihrer Wesenskonstitution frei wäre." (3)

Die Prädestination, eben die Lehre von der Vorherbestimmung, hat eine lange und durchaus wechselvolle Geschichte in der katholischen Theologie. Das lag vor allem daran, dass der heilige Augustinus diese Theorie in seinen späten Schriften vehement vertritt, sich das Modell der Vorherbestimmung der Mehrzahl der Menschen (der *massa damnata*, wie es so schön auf Latein heißt) zur ewigen Verdammnis aber als pastoral wenig zielführend erwies, zumindest nicht bis zur Interpretation durch Calvin. Jedenfalls ist die Rede von der „Vorausbestimmung" ein altehrwürdiges theologisches Denkmodell, in dem sich altehrwürdige Männer über die heikle Frage von menschlicher Freiheit und eigenständigem Beitrag zur Heilsfindung den Kopf zerbrochen haben. Und nun wird ausgerechnet dieser Terminus verwendet, um die Unveränderbarkeit des weiblichen Wesens zum Ausdruck zu bringen, das „absolut auferlegt" ist? Lautet demnach der theologische Subtext womöglich, dass die Frage nach dem Wesen der Frau zur neuen Lehre von Heil und Verdammnis wird? In gewisser Weise ja. Die Eschatologie als Endpunkt der Anthropologie ist nach nicht unberechtigter Kritik an allzu großer Jenseitsbezogenheit der Kirche aus der Mode gekommen, sprich die Frage von Freiheit und Vorherbestimmung lässt sich in Hinblick auf das Leben danach nicht mehr so gut an die Gläubigen bringen und auch der säkulare Widerpart in der Philosophie hat daran kein Interesse mehr. Das Thema Geschlecht und Geschlechterrollen hingegen ist höchst präsent und wenigstens hier kann die Kirche noch dem Menschen etwas „absolut auferlegen" und den verderblichen Drang zur Freiheit anprangern. Der Ton dieser ersten Absätze klingt ein wenig wie ein entfernter Widerhall aus dem Antimodernismus-Diskurs, und das nicht umsonst: Die Moderne, die sich die Kirche mit dem II. Vatikanum redlich anzunehmen bemüht hat, gipfelt letztlich in einer neuen Anthropologie, welche die Kirche sich nicht ganz so redlich anzunehmen bemüht hat und in letzter Konsequenz ein neues Denken der Geschlechter beinhaltet, das eben Geschlecht weder als ontologische Grundkategorie definiert noch als unveränderliches Sample aus körperlichen und geistigen Merkmalen, wobei Letztere auf Erstere zurückgeführt werden. Die Veränderlichkeit des eigenen Selbst in einer ohnehin instabilen Welt macht Angst, nicht nur hinter den Mauern des Vatikan, wie bereits einleitend festgestellt wurde. Die Möglichkeit der Veränderlichkeit sogar in jenem Teil der Identität, mit dem seit Paulus und allerspätestens seit Augustinus die Theologie und katholische Kirche ihre liebe Not hat, der Geschlechtlichkeit, ließe so vieles, woran man sich abgearbeitet hat, implodieren. Der Protest, die Revolte, gefürchtetes Schlagwort aus Zeiten des Kampfes gegen den

Kommunismus (fast so gefürchtet wie bei den kommunistischen Machthabern, aber das nur als ironische Randbemerkung) richtet sich nun nicht mehr auf die sozialen, sondern auf die biologischen Verhältnisse, ja, womöglich sollen beide zugleich umgeworfen werden.

Man muss den/die Verfasser von *Über die Zusammenarbeit von Mann und Frau* verstehen: Aufgewachsen lange vor dem Konzil in einer Welt, wo die katholische Kirche die einzige dauerhafte Ordnungsinstanz war und gezeichnet von 68er-Bewegung, Befreiungstheologie, aufmümpfigen Theologieprofessoren im deutschen Sprachraum, dem Kampf gegen Kommunismus und Kapitalismus, Individualismus und sonstigen -ismen, und auch vom Bemühen, mit dem allen doch irgendwann zurechtzukommen, nie laut über die frechen Rotzbuben, Roten, vorlauten Weiber und sonstigen anstrengenden Subjekte zu fluchen (auch nicht leise, Gott hört alles) – irgendwann reicht es wirklich.

Zumal man wirklich nichts gegen Frauen hat, im Gegenteil. *Über die Zusammenarbeit von Mann und Frau* ist der letzte große Versuch, das Wesen der Frau vor ihren eigenen feministischen Ideen zu retten. Und dieses Wesen besteht, einmal mehr und um vieles deutlicher als in *Mulieris dignitatem*, in der Mutterschaft.

Mütter und Übermütter

„Unter den Grundwerten, die mit dem konkreten Leben der Frau verbunden sind, ist jener zu erwähnen, den man ihre ‚Fähigkeit für den anderen‘ genannt hat. Trotz der Tatsache, dass eine gewisse Strömung des Feminismus Ansprüche ‚für sie selber‘ einfordert, bewahrt die Frau doch die tiefgründige

Intuition, dass das Beste ihres Lebens darin besteht, sich für das Wohl des anderen einzusetzen, für sein Wachstum, für seinen Schutz. Diese Intuition ist mit ihrer physischen Fähigkeit verbunden, Leben zu schenken. Die gelebte oder potentielle Fähigkeit zur Mutterschaft ist eine Wirklichkeit, die die weibliche Persönlichkeit zutiefst prägt." (13)

Die Frauenfrage wird zur Mutterfrage. Und damit ist die Kirche, so paradox es angesichts der ein wenig aus der Zeit gefallenen Sprache scheinen mag, mitten im Gegenwartdiskurs drinnen, ja, diesem 2004 sogar ein klein wenig voraus. Die 1981 für die Kirche und katholische Kreise prägende Frage nach Frauen in „öffentlichen Ämtern", sprich in leitenden Positionen in allen Sparten der Berufswelt, ist 2004 de facto erledigt. Hieß es damals, also Anfang der 1980er-Jahre, Frauen mögen, wenn überhaupt, ihre öffentlichen Ämter von zu Hause aus erledigen und keinesfalls die Familie vernachlässigen, kann man die Überlegungen von 2004 bedeutend praxisnaher interpretieren: „So könnten die Frauen, die es freiwillig wünschen, ihre ganze Zeit der häuslichen Arbeit widmen, ohne sozial gebrandmarkt und wirtschaftlich bestraft zu werden. Jene hingegen, die auch andere Tätigkeiten verrichten möchten, könnten dies in einem angepassten Arbeitsrhythmus tun, ohne vor die Alternative gestellt zu werden, ihr Familienleben aufzugeben oder einer ständigen Stresssituation ausgesetzt zu sein, die weder dem persönlichen Gleichgewicht noch der Harmonie in der Familie förderlich ist." (13)

Wohlgemerkt: Es ist nicht davon die Rede, dass Mütter eben zu Hause bleiben sollen, wenn die Leitungssitzung nach 17 Uhr stattfindet, sondern dass die Sitzung vorverlegt werden sollte. Ein frommer Wunsch werden viele sagen, der aber zumindest in kirchlichen und kirchenaffinen Institutionen ernst genommen werden könnte – und darüber hinaus bezeugt, dass die Berufstätigkeit von Frauen, nein, von Müttern, 2004 selbst in lehramtlichen Dokumenten nicht mehr als theoretische Denkmöglichkeit, sondern Realität gesehen wird.

Das Thema, an dem sich heute oft genug die umfangreichsten und untergriffigsten Leserbrief- und Onlineforendebatten entzünden, nämlich die „richtige" Mutterschaft, ist in der Tat der neuralgische Punkt des aktuellen Geschlechterdiskurses und lässt die Frage nach dem Spezifikum der Frau (ohne gleich vom Wesen zu sprechen) voll aufbrechen. Oder, härter, aber nicht ohne eigene Erfahrung formuliert: Gleichstellung funktioniert, solange Frau kein Kind hat. Dann verläuft die Grenze zwischen Frauen ohne Kindern und Männern auf der einen und Frauen mit Kind auf der anderen Seite. Nicht das Frausein verursacht die Differenz, sondern das Muttersein – übrigens ein besonders schöner Beweis für die Gendertheorie. *Über die Zusammenarbeit von Mann und Frau* sieht das nicht ganz so. Das Dokument aus 2004 versucht einmal mehr und mit besonderem Nachdruck das Wesen der Frau eben als Mütterlichkeit zu definieren, selbst da, wo sich diese nicht an biologischer Nachkommenschaft, sondern an anderen bemutterbaren Subjekten und entsprechenden Handlungen zeigt, oder zeigen muss, folgt man diesem Denkansatz vom weiblichen Wesen als per se mütterlichem. Wie bereits in *Mulieris dignitatem* muss dieses mütterliche Wesen der Frau gerettet werden, da umgekehrt sonst die Welt in (männliche?) Brutalität und Inhumanität zurückfallen würde: „Jedes Mal, wenn diese Grunderfahrungen (i.e. der mütterlichen Zuwendung, Anm. d. Autorin) fehlen, wird der ganzen Gesellschaft Gewalt angetan und bringt die Gesellschaft dann ihrerseits vielfältige Formen der Gewalt hervor." (13) Um diese Dehumanisierung der Welt durch eine reine Männerherrschaft zu verhindern, dürften Frauen in der Öffentlichkeit nicht fehlen: „Dies beinhaltet darüber hinaus, dass die Frauen in der Welt der Arbeit und des gesellschaftlichen Lebens gegenwärtig sein und zu verantwortungsvollen Stellen Zugang haben sollen, die ihnen die Möglichkeit bieten, die Politik der Völker zu inspirieren und neue Lösungen für die wirtschaftlichen und sozialen Probleme anzuregen." (13)

Eben, wer weiß, wie inhuman Österreich ohne seine verdienstvollen weiblichen Innenminister erst aussehen würde.

Interessanterweise kommt die Ontologie sogar vor der Biologie, ist diese Mütterlichkeit doch etwas, das, man lese und staune, auch Männer haben können: „In dieser Perspektive ist das, was man ‚Fraulichkeit‘ nennt, mehr als ein bloßes Attribut des weiblichen Geschlechts. Der Ausdruck beschreibt nämlich die grundlegende Fähigkeit des Menschen, für den anderen und dank des anderen zu leben." (14) Wie ist das nun zu verstehen – womöglich eine erste zarte Annäherung an die Theorie von der Konstruiertheit der Geschlechterrollen? Oder die Aktualisierung entsprechender biblischer Metaphern? Wer sich *Über die Zusammenarbeit* mit theoretisch-analytischer Absicht nähert, wird rasch bemerken, wie groß die Unsicherheit und Verwirrung geworden ist, gerade dort, wo man eigentlich das ewig Gleichbleibende der binären Geschlechteranthropologie betonen wollte.

Die Spannung von Frausein und Muttersein, die letztlich auch innerhalb des akademischen und politischen Gleichstellungs- und Geschlechterdiskurses allenthalben auszumachen ist und diesen manchmal sogar zu sprengen droht, wäre zweifelsohne ein lohnendes Thema für die Theologie. Bereits 2004 und erst recht 2015. Leider ist 2004 der ontologische Ansatz, der schwer fassliche Abstrakta vor und über alles stellt, bei Weitem zu stark ausgeprägt, als dass ein halbwegs adäquater Einstieg in profane Diskurse denkbar schiene, ganz abgesehen von der in der Einleitung formulierten apologetischen Grundhaltung. Es muss ein genuin weibliches Wesen geben, und dieses muss sich durch all das auszeichnen, was sich viele (klerikale) Männer offenbar so sehr wünschen, weil sie es weder an sich selbst noch an den real existierenden Frauen in ihrer Umgebung vorfinden: „... Haltungen des Hörens, des Aufnehmens, der Demut, der Treue, des Lobpreises und der Erwartung" (16) allesamt exemplifiziert an „der" Frau schlechthin, Maria. Männer, so die abschließende Überlegung dazu, könnten dies alles vielleicht auch sein und tun, aber bei Frauen sei es doch irgendwie „natürlicher": „Auch wenn es sich dabei um Einstellungen handelt, die jeden Getauften prägen sollten, zeichnet sich die Frau dadurch aus, dass sie diese Haltungen mit besonderer Intensität und Natürlichkeit lebt." (16)

So gesehen ist es nur „natürlich", dass das Priesteramt Männern vorbehalten bleibt, wie *Über die Zusammenarbeit* als Ceterum censeo recht unvermittelt am Ende betont. Alles andere hieße, den natürlichen Drang zur Demut zu unterdrücken und würde nur zu Verwirrung und Schaden führen, siehe oben.

Über die Zusammenarbeit von Mann und Frau wurde und wird nicht selten, so es Erwähnung findet, als Kampfansage an jegliche theologische Frauenforschung und weiblichen Ambitionen in der Kirche und Theologie generell gelesen. Beides stimmt nicht ganz. Dieser Text aus 2004 ist der letzte Versuch, die Unordnung der Geschlechter, wie sie für viele spätestens mit Judith Butler und ihrer Gendertheorie angebrochen ist, ungeschehen zu machen. Gleichzeitig ist *Über die Zusammenarbeit* aber auch ein deutliches Eingeständnis dafür, dass man die wissenschaftstheoretischen und lebenspraktischen Fragen, die längst in der Beziehung und Definition der Geschlechter bestehen, zur Kenntnis genommen hat. Bereits die Überschrift zeigt, dass man die Frauen nicht mehr als Sonderfall behandeln kann – allerdings bleibt es bei der Überschrift. Die Tradition einer bürgerlich-romantischen Wesensontologie der Geschlechter ist noch viel zu mächtig, als dass am Ende für die Frauen etwas anderes stehen könnte als die Beschwörung ihrer genuinen „Fraulichkeit".

Ebenfalls in verallgemeinernder Metaphorik aufgehoben wird die in der Tat brisante Frage des auf 2004 folgenden Jahrzehnts, nämlich die anstehende Neubestimmung des Verhältnisses von Frauen und Müttern bzw. Frauen als Müttern nach Feminismus und Gendertheorie.

Irgendwie hat man den Eindruck, dass der Schutz des Wesens Frau im dritten Jahrtausend vor allem dem Schutz der Männer vor unvermeidlichen Veränderungen dient. Während – in der in kirchlichen Dokumenten gerne kritisierten Welt der säkularen Medien – sich junge Frauen wieder von Männern beschützen lassen wollen, hätte die Kirche gerne Mütter, die Männern in ihrer wesenhaften Andersheit einen

Rückzugsort aus der verwirrenden Welt bieten, anstatt diese zu verkörpern. Beide Sehnsüchte sind verständlich, aber nur bedingt einlösbar. Als Frau liest man *Über die Zusammenarbeit von Mann und Frau* am besten mit viel mütterlichem Verständnis für männliche Ängste und Wünsche, auch wenn diese Mütterlichkeit vielleicht nicht wesensimmanent ist.

Exkurs III:
Uns gibt es gar nicht

Fronleichnamsprozession Graz 2008. Die Prozessionsordnung liegt in den Bänken auf und wird für alle, die ihre Lesebrillen vergessen haben, per Lautsprecher angesagt. Priester, Seminaristen, Ordensbrüder, Feuerwehr, Bundesheer, katholische Verbindungen, Ritterorden, Behinderte, Theologische Fakultät (soll heißen, der Dekan und zwei weitere Lehrende, darunter ich, im schweren schwarzen Talar mit lila Rand und mit mittelalterlicher Mütze auf dem Kopf) – und am Schluss die Laien und die Ordensschwestern. Frauen gibt es in der definierten Prozessionsordnung vor dem gläubigen Volk an zwei Stellen – in der Theologischen Fakultät (eine Frau) und bei den Behinderten. Ich gebe ehrlich zu: Vor lauter Bemühen, nicht auf den viel zu langen Männertalar zu treten und halbwegs würdig dreinzuschauen, wurde mir die Absurdität dieser Situation erst bewusst, als nach dem Ende des Spektakels (bei aller eucharistischen Frömmigkeit muss man das so nennen) am Hauptplatz mehrere mir unbekannte Ordensfrauen gezielt auf mich zusteuerten und mich mit den Worten „Endlich einmal eine Frau dabei!" begrüßten.

Die wortreich als gottgeweihte Jungfrauen in der katholischen Tradition gepriesenen Vertreterinnen jenes Standes, dem alle drei bisherigen weiblichen Kirchenlehrerinnen und sehr viele weibliche Heilige entstammen – diese dürfen nicht einmal gemeinsam oder zumindest unmittelbar nach den Ordensbrüdern als eigene Gruppe im katholischen Fronleichnamskosmos sichtbar werden? Eine Frau im theologischen Männertalar geht mittlerweile, aber Frauen, die in einer fast 2000 Jahre alten Tradition stehen und bis heute in der Populärkultur und Werbung das Bild von Frau und Kirche prägen, gehen nicht vorne mit?

Bei der Lektüre der lehramtlichen Texte zum Thema Frau (und Geschlechterrollen) seit dem II. Vatikanum hat sich eine große Leerstelle aufgetan, die mir eine Ordensschwester auf meine Frage, welche Dokumente denn zum Thema Frauen und Kirche in Bezug auf die Ordensfrauen durchzulesen seien, gleich vorweg prophezeite: „Uns gibt es gar nicht. Wir kommen nicht vor."

Diese Leerstelle verwundert umso mehr, wenn man gewohnt ist, Frauen und Kirche aus einer historischen Perspektive zu betrachten. Dort nämlich, von den Märtyrerinnen der ersten Jahrhunderte angefangen, sind Frauen als Mütter nur dann ein Thema, wenn sie dieser Mütterlichkeit zugunsten des Märtyrertodes entsagen wie die heilige Perpetua, die ihr noch an der Brust trinkendes Kleinkind dem Großvater übergibt, um in der Arena zu sterben, wiewohl die bösen Heiden ihr angesichts der jungen Mutterfreuden einen anderen Weg nahelegen. Oder aber Heldenmütter, die ihre Söhne lieber als Märtyrer denn als Heiden sehen. Und dann natürlich Mütter wie die heilige Paula, Brieffreundin und finanzielle Unterstützerin des heiligen Hieronymus, die ihren Töchtern die Nachteile der Mutterschaft so eindrücklich schildern, dass diese lieber gleich Gott ihre Jungfräulichkeit widmen und bei der Arbeit an der Vulgata helfen. Diese Liste lässt sich vor allem für das Mittelalter um ein Vielfaches erweitern und immer ist die reale, sprich biologische, Mutterschaft die Negativfolie, vor der eine Frau heilig wird, sei es, dass sie rechtzeitig vor einer ungewollten Hochzeit ins Kloster flieht, sei es, dass sie nur darauf wartet, dass Mann und Kinder sterben (heilige Angela von Foligno), oder gar, dass sie ein Kind dem Schicksal überlässt, um ein fortan Gott geweihtes Leben zu führen wie die heilige Margeritha von Cortona. Und natürlich gibt es zahlreiche andere große

Frauengestalten wie die in mehreren Texten zitierte Teresa von Avila oder die zweite Kirchenlehrerin, Katharina von Siena, die von vornherein den Weg der geistlichen Berufung ins Kloster oder in die Terziargemeinschaft wählen. „Diese" Frauen wurden von klerikalen und manchmal heiligen Männern gelobt und ihre Lebensform als idealer Weg der christlichen Frau gepriesen, die Mutterschaft hingegen oft genug in abschreckendsten Farben als Strafe für weibliche Begierde gezeichnet (besonders eindrücklich: der heilige Hieronymus). Diese Frauen, die ihr Leben in Ehelosigkeit, Armut und Gehorsam (nicht immer gegenüber allen Klerikern, die ihn verlangt haben, aber das ist ein anderes Thema) Gott gewidmet hatten, sie würden dann im Himmel in der ersten Reihe stehen, gleich neben den Märtyrern und weit vor den Eheleuten, so sieht es Mechthild von Magdeburg in einer Vision und so wurde es ihr und vielen anderen Frauen von ihren Beichtvätern versprochen.

Und diesen Frauen aus der ersten himmlischen Reihe ist kein eigenes umfangreiches Schreiben und überhaupt kein Text seit dem II. Vatikanum exklusiv gewidmet?

Alles, was sich hierzu findet, sind einige wenige Absätze in *Mulieris dignitatem*, die letztlich auch wieder großteils um die Auslegung von Mt 19,10 als Zölibatsverpflichtung für Männer kreisen. Und natürlich sind gottgeweihte Jungfrauen Ehefrauen (Christi) und geistige Mütter. Das war es dann aber schon. In dem ähnlich ausgerichteten Schreiben *Über die Zusammenarbeit von Mann und Frau* kommt unter der Überschrift „Die Aktualität der fraulichen Werte im Leben der Kirche" die gottgeweihte Jungfräulichkeit nicht vor, mit keinem Wort.

Diese Leerstelle im Themen- und Problemkomplex Frauen und Kirche ist zugegebenermaßen die größte Überraschung und drängt zumindest die Frage nach dem Warum auf. Warum sind Ordensfrauen, egal ob klassische Nonnen oder Mitglieder einer neueren Kongregation, nicht (mehr) als Frauen in der Kirche sichtbar? Die angesichts der sonstigen Abhandlungen spontanste Antwort wäre wohl: Weil sie kein Problem sind. Weder betrifft gottgeweihte Jungfrauen die Empfängnisverhütung noch können sie geschiedene Wiederverheiratete werden, weil sie nicht heiraten, noch leben sie in irgendeiner der sündigen Lebensformen der Postmoderne, vor denen klerikale Männer Frauen bewahren wollen. Alleinerziehende Mütter sind sie auch nicht. Und Priesterinnen werden zu wollen, fiele ihnen wohl angesichts ihres Gehorsamsversprechens nicht einmal im Traum ein.

Das allein kann es nicht sein. Frauen waren gesellschaftspolitisch in der christlichen Spätantike und im Mittelalter ein wesentlich geringeres Problem als heute, weil sie trotz immerwährender christlicher Ideale (siehe *Pacem in terris*) nicht unbedingt gleichberechtigt behandelt wurden.

Was diese Leerstelle aber nochmals in aller Schärfe offenlegt, ist die Verengung des Frauenbildes auf ein einziges akzeptiertes Modell und dieses lautet Ehefrau und Mutter, schlimmstenfalls nur Mutter. Je genauer die Frau in ihrem unveränderlichen Wesen definiert werden musste, je mehr diese eine und einzigartige Vorherbestimmung beschworen werden musste angesichts zahlreicher alternativer Lebensentwürfe von Frauen in der postmodernen Welt, desto weniger wurde das alternative Konzept der eigenen Tradition noch als denk- und vor allem vorzeigbar betrachtet. Ein Konzept, das ein Leben für Gott, aber in relativer Autonomie von irdischen Männern gewährleistete, das ein Leben im Verzicht auf Mutterschaft als ultimativem Ausdruck weiblicher Biologie war und damit gut lesbares Zeichen dafür, dass frau auch ohne ihre vermeintliche biologische Bestimmung gut und sinnvoll leben kann. Und schließlich verschwindet so unmerklich ein Lebensmodell, das ein Frauenbild weit jenseits des romantisch-bürgerlichen Ideals der zu Hause wartenden Frau zeichnet.

Historisch betrachtet und mit ein klein wenig katholischem Chauvinismus muss man konstatieren, dass wohl die Protestanten an dieser Verengung des Frauenbildes nicht unschuldig sind.

Die 1500 Jahre lange wirkliche Alternative für Frauen zu Ehe und Mutterschaft hat man mit dem Modell der protestantischen Tischgemeinschaft um den Hausvater im Stil von Martin Luther und Katharina Bora zügig wieder abgeschafft. Historisch betrachtet hat das Erfolgsmodell Frauenorden zweifelsohne auch dadurch einen Einbruch erlitten, dass seit einigen Jahrzehnten keine Frau mehr einem Orden beitreten muss, um nicht zu heiraten und keine Kinder zu bekommen, kurz, um halbwegs frei von männlicher Hegemonie zu leben. Vielleicht liegt hierin die unbewusste Angst der Texte und ihrer Verfasser seit dem II. Vatikanum: Wenn schon die Kirche allzu laut ein alternatives weibliches Lebensmodell propagiert, wie kann man dann profanen Frauen vorschreiben, ihrer Bestimmung zur Ehe und Mutterschaft nachzukommen?

Mittlerweile dürfte aber klar sein, dass man in der Kirche Frauen ohnehin nur mehr wenig vorschreiben kann, schon gar nicht, wie das eigene Leben zu gestalten ist. Die Frauen, die ihre alternative Lebensform Gott und nicht weltlichen Zielen widmen, wären aber mindestens einen umfangreichen Text wert. Und ein eigener Platz in der Prozessionsordnung zu Fronleichnam, am besten vor den Ordensbrüdern und Seminaristen, gebührte ihnen auch.

Willkommen in der post-modernen Familie

„Homer und Marge Simpson lassen sich scheiden."

(ORF News, 10.6.2015)

26 Jahre verheiratet, drei Kinder, alle nur denk- und darstellbaren Katastrophen gemeinsam gemeistert und dann das Aus. Wenn selbst die längstdienende und unverwüstlich scheinende gelbe Fernsehfamilie zerbricht, kann es wirklich absolut jede und jeden treffen – sogar brave Vorzeigekatholiken. Im Jahr 2015 sind Ehescheidungen langjährige Realität und häufig in der zweiten Generation zu finden und eben auch in kirchennächsten Kreisen bis hinein in die Epizentren der Diözesen, die bischöflichen Ordinariate. Und, ja, natürlich gibt es die verschiedensten anderen Formen des Zusammenlebens, wie sie *Gaudium et spes* zum Teil noch nicht einmal denken konnte: Unverheiratetes Zusammenleben von Paaren des gleichen oder auch unterschiedlichen Geschlechts, Patchworkfamilien ganz im Sinn des alten jüdischen Witzes „Deine Kinder und meine Kinder verhauen unsere Kinder", Singles mit oder ohne reale oder virtuelle One-Night-Stands, interkulturelle Beziehungen in ähnlicher Buntheit wie sie die Plakate einer italienischen Modefirma in den 1980er-Jahren bewarben

und LAPs, also Lebensabschnittspartner, in allen Phasen der erwachsenen irdischen Existenz. Das alles konnten wir, so wir fernsehen (und es sehen mehr Leute fern, als es zugeben) in der Fernsehfamilie des letzten Vierteljahrhunderts, eben den Simpsons, miterleben. Rund um Homer, Marge und ihre drei Kinder entfaltete sich die Postmoderne bis in ihre letzten Abgründe und nichts Menschliches blieb ihnen und den Zusehern fremd. Ebendrum, ließen einige Passagen des jüngsten, anschließend zu behandelnden Dokuments in seiner ersten Version anklingen: Kinder, die mit derartigen Verwerfungen (Entartungen sagt Gott sei Dank 2014 keine deutsche Übersetzung mehr) jeden Vorabend beglückt werden, können gar nicht zum Ideal ehelicher Liebe und Treue finden und müssen in Unglück und Sünde enden. Derartiges mutmaßte übrigens nicht nur *Instrumentum laboris* 1.0, sondern auch eifrige Katholiken und Katholikinnen hierzulande vertreten diese Meinung so lange laut vernehmbar, bis sie selbst oder ihre Geschwister das Schicksal der Familie Simpson ereilt. Denn das lange in Sachen Scheidung und alternative (sexuelle) Lebensformen gepflegte Motto „Es passiert nur den anderen", von manchen vermutlich als verschämte Bitte im Sinn des Florianiprinzips an das Abendgebet angehängt (Lieber Gott, lass es von mir aus allen passieren, aber nicht mir!) gilt nicht mehr.

Alle, wirklich alle können sich scheiden lassen, aber nicht Homer und Marge Simpson. Nicht die beiden. Nicht die liebevolle Mutter und Ehefrau, die ihre akademischen Ambitionen noch im College aufgegeben hat, um zu heiraten und schwanger zu werden, nicht der treusorgende Familienvater, der zum finanziellen Erhalt der Familie alle Sicherheitsstandards seines atomar verstrahlten Arbeitsplatzes missachtet und von moderner Pädagogik unbeleckt seinen Sohn regelmäßig mittels Würgegriff und ohne nennenswerten Effekt diszipliniert. Nicht nach all den gemeinsamen Urlauben mit all den schönen Erlebnissen in Gefängnissen, bei Mafiabossen, in Stripclubs, zusammengeschweißt durch zahlreiche Elternabende, Rettungsaktionen zugunsten eines oder auch aller drei Kinder aus den Fängen von TV-Clowns, Hinterwäldlern und Katholiken (ja, die Simpsons gehören zu irgendeiner protestantischen Denomination). Sogar als Berater und Helfer in Ehekrisen anderer sind die beiden wiederholt aufgetreten.

Eigentlich sollte uns, die säkularisierten Medienkonsumenten, die wir schon alles gesehen haben, die Scheidung von zwei gelben Zeichentrickfiguren mit nur vier Fingern an jeder Hand wirklich nicht erschüttern. Dass sie es doch tut, spricht letztlich gegen die These von der verrohten und gleichgültigen Gesellschaft, wie sie einige katholische und gar nicht so katholische Konservative gerne an die Wand malen. Unsere Irritation ob der Scheidung von Homer und Marge Simpson spricht vielmehr dafür, dass die institutionalisierte dauerhafte zwischenmenschliche Beziehung, der Kinder entstammen, für einen großen Teil der Menschen noch immer ein heimliches Ideal ist, das wir insgeheim für uns erhoffen, von dem wir aber mittlerweile wissen, dass es beinahe unerreichbar geworden ist.

Ein bitterböses, im Kern auf die katholische Kirche abzielendes Diktum lautet, dass „heute ohnehin niemand mehr heiraten will außer Priestern und Schwulen". Erstens stimmt das nicht: Viele heterosexuelle, nicht geweihte Menschen wollen ebenso heiraten, sogar ein zweites und ein drittes Mal. Und auch gleichgeschlechtlich liebende Menschen drängt es nach stilvollem Ambiente, barocker Kirchentür und goldenen Eheringen. Man kann das als Profanierung und Depravierung der Ehe verurteilen (wie es einige tun). Oder aber als Streben nach einem Ideal, das uns nicht zuletzt die katholische Kirche jahrzehnte- und jahrhundertelang im wahrsten Sinn des Wortes gepredigt hat: die exklusive Liebe zweier Menschen auf immer und ewig. Dass dieses Ideal just zu einem Zeitpunkt voll zu wirken beginnt, als es in der Realität aufgrund gesellschaftlicher Veränderungen weggebrochen ist und dass es über den ursprünglichen Adressatenkreis hinaus strahlt, ist die ironische Pointe des Ganzen, mit der sich nun die katholische Theologie, Anthropologie und Pastoral abmühen müssen. *Instrumentum laboris* spiegelt diese Mühen deutlich wider.

Postskriptum eins: Gerüchten nach kommen Homer und Marge Simpson wieder zusammen, weil die überwältigende Mehrzahl der Fans sich einfach nichts anderes vorstellen kann.

Postskriptum zwei: Ja, auch viele katholische Priester würden heiraten wollen, aber das ist ein anderes Thema.

Instrumentum laboris

2015 sind die Katholiken endlich nicht mehr die Bösen. Wer heute an das Themen- und Problemfeld Religion und Frauen denkt, denkt in der Regel nicht zuerst an das Christentum. Bei uns Katholiken gehen die Frauen ins Schwimmbad, sie heiraten, wenn überhaupt, nur wen sie wollen und statt auf Gehorsam setzen wir auf Partnerschaft. Wir sind in Sachen Frauen die Guten. Schaut euch doch an, wie die anderen mit ihren Frauen umgehen! Das sagen brave Christen natürlich nicht laut, weil sich das seit *Lumen gentium* und im Interesse des interreligiösen Dialogs nicht gehört, aber sie denken es fast hörbar. Und manche betreiben diesen Dialog mit leichtem Neid zwischen den Zeilen: Man muss die anderen doch verstehen, es ist für Männer schon schwer, wenn sie nicht mehr das Sagen haben, zumal es so in ihren Heiligen Schriften steht …

2015 werden wir an allen Ecken und Enden jeder mittelgroßen Stadt mit einem Spiegel konfrontiert, in dem wir, wenn auch in manchen Bereichen unscharf, unsere eigene christliche Vergangenheit sehen können, und, nein, nicht jene des Mittelalters, wie wir so gerne und historisch inkorrekt sagen. Bei drei Zentimetern nackter Haut über dem weiblichen Knie beginnt die schwere Sünde, lernten in den 1950er-Jahren die jungen Kapläne, eine Frau, die mit offenem, unbedecktem Haar in die Kirche ging, konnte vom Dorfpfarrer in der katholischen Oststeiermark als Hure wider die Gebote des Apostels (1Kor 11,5) beschimpft werden, und mit einem schulterfreien Top in die Kirche zu gehen wurde noch 1990 äußerst misstrauisch beäugt. Und ebenfalls aus dem 20. Jahrhundert datiert folgender Witz – Bauer in der Beichte: „Herr Pfarrer, Sie kennen doch meine Frau und ihr Mundwerk. Gestern hat sie wieder nicht aufgehört zu meckern, da habe ich sie mordsmäßig verdroschen", Pfarrer: „Sünden will ich hören, keine guten Werke." Und natürlich war es für einen Priester nicht statthaft, in ein öffentliches Schwimmbad zu gehen, angesichts des nackten Fleisches dort, und aufrechten FKKlern drohte mancher nicht minder aufrechte Geistliche bis in die 1970er-Jahre mit der Exkommunikation.

2015 ist fast alles anders. Rocklängen werden in der Moraltheologie und Predigt nicht mehr behandelt, auch, weil genug junge Frauen vor Professor und Prediger in Shorts sitzen, bei denen „über dem Knie" keine topografische Nähe beschreiben könnte. Das Schwimmbad ist aus dem Themenkreis der Pastoral verschwunden und auf den Köpfen junger Kirchenbesucher allerlei Geschlechts findet sich jedes Erdenkliche (auch Strickhauben im Sommer waren schon en vogue) oder gar nichts. Am wichtigsten aber: Keiner, auch nicht in theologischen Kreisen als rechtskonservativ bekannte Gemüter, würden Gewalt gegenüber einer Frau als irgendwie akzeptabel oder Kavaliersdelikt abtun, geschweige denn sie als gottgewollt und angemessen bezeichnen. Es stimmt schon, 2015 sind die Katholiken wirklich die Guten, und das nicht nur, weil Mittelgrau neben Schwarz immer noch heller ausschaut. Die Jahrzehnte seit dem Konzil sind an der katholischen Kirche und ihren amtlichen Vertretern nicht spurlos vorübergegangen. Was vor 50 Jahren undenkbar war, wird heute gedacht – Stichwort pastoraler Umgang mit Homosexuellen. Was nicht vorstellbar war – Stichwort Frauen in Leitungspositionen in Diözesen und Katholischen Fakultäten oder gar Universitäten – ist einfach so, ob es sich nun alle vorstellen können oder nicht. Die katholische Kirche in der westlichen Welt hat sich mit dieser gewandelt, wenn auch mitunter arg zeitversetzt. Und selbst ihre Probleme mit der Welt sind eben Probleme mit der westlichen Welt.

Und der Rest der Welt? Da liegt das Problem, oder vielmehr die Probleme in einem vielfachen Plural. Geahnt hat man das gerade kirchlicherseits seit geraumer Zeit, immerhin war die katholische Kirche lange vor kolonialen Imperien und internationalen Konzernen schon globaler Player. Für die Katholiken in Mittel- und Westeuropa wurde aus dieser Ahnung aber erst Gewissheit, als der Rest der Welt begann, zu uns zu kommen. Nicht als freundliche Schauobjekte im Schlepptau von Missionaren oder gar als Opferstöcke in Gestalt von Afrikanern (die damals noch Mohren hießen), auch nicht als verwegene Befreiungstheologen, sondern als Flüchtlinge, Wirtschaftsmigranten und überhaupt. Und mit ihnen mehr gesellschaftliche Pluralitäten, als sich selbst die Progressivsten anno 1968 gewünscht hatten. Vor allem aber kam mit den Menschen aus anderen Teilen der Welt jene Mentalität der Ablehnung von Pluralität in Fragen von Geschlechterrollen und -beziehungen, wie man sie in der Kirche vor Ort gerade überwunden geglaubt hatte. Was tun, wenn das Ende der westlichen Hegemonie, für viele gleichbedeutend mit paternalistischer Macht von Staat und Kirche, bedeutet, dass die bisher hegemonial Unterdrückten ihre eigenen Bilder von Ordnungsmacht mitbringen und das in Sachen Frauen und Geschlechterrollen Bilder von Gewalt und Hierarchie sind? Und was, wenn die Religionen, die man endlich nicht mehr als Irrlehren und deren Anhänger als Heiden und Ungläubige sieht, ein Frauenbild pflegen, wie es nicht einmal vorkonziliare Texte zeichnen? Und was, wenn die geweihten Brüder in Christo aus anderen Kontinenten bei uns im pastoralen Einsatz als Ersatz für den kaum vorhandenen heimischen Klerus sich als archaische Machos erweisen?

Willkommen in der katholischen Welt der Postmoderne. *Instrumentum laboris* ist, wie bereits der Titel sagt, ein Arbeitspapier. Es ist ein Arbeitspapier im doppelten Sinn. Eines mit dem, und eines, an dem gearbeitet wurde und wird. *Instrumentum laboris* macht öffentlich, was bisher der findigen Exegese theologischer Auguren bedurfte: Die Spannungen und Brüche, die divergierenden Positionen, kurz, die Pluralität der katholischen Kirche in der pluralen Welt von heute. Nicht nur in dem, was man zwischen den Zeilen lesen kann. *Instrumentum laboris* hat, ganz der Welt von heute geschuldet, eine Version 1.0 und eine Version 2.0. Und zwischen diesen beiden Versionen liegen in manchen Punkten, und es sind besonders die für Frauen neuralgischen Punkte, Welten. Beide Versionen zeichnen sich auf den ersten und auch den zweiten Blick durch eine realistische und umfassende Zurkenntnisnahme der Pluralitäten der Welt von heute aus, vor allem in Hinblick auf die Familie. Sie sind über weite Strecken eine Bestandsaufnahme dessen, was ist. Und das ist 2015 eine ganze Menge: geschiedene Wiederverheiratete, Patchworkfamilien und homosexuelle Beziehungen mit Kindern, Adoption, Leihmutterschaft, Migration und entfesselter Kapitalismus, brüchige Übergange von tradierten indigenen Strukturen in die virtuellen und digitalen Welten, Polygamie als kulturelle Realität in weiten Teilen des vermeintlichen katholischen Hoffnungsmarktes Afrika, Gewalt und Unrecht an den jeweils Schwächsten der Familie im Rahmen der Familie selbst und von außen – dass die Familie kein heiler und heiliger Rückzugsort aus der unheilen Welt ist, wird beim Lesen schnell deutlich.

Nicht minder deutlich wird – und in diesem Ausmaß erstmals – die Pluralität der Kirche, die eben wirklich Weltkirche ist. Europa, in sich schon unterschieden vor allem durch die Erfahrungen unter kommunistischen oder demokratisch-kapitalistischen Systemen, und die USA mit ihren Problemen neben Afrika, Asien und Lateinamerika zu stellen, und dies einigermaßen konsequent, macht endlich sichtbar, was seit Jahrzehnten ist und idealerweise seit dem Konzil sein sollte. Diese Darstellung macht aber noch etwas sichtbar, nämlich dass es das eine Familienbild und die eine ideale Lösung nicht geben kann. In den Konsequenzen, die aus der Wahrnehmung der Pluralität und Diversität gezogen werden, beginnt dann die erstaunliche Veränderung von Version 1.0 zu 2.0.

Stehen in der ersten Version, datierend vom Juni 2014, seltsam unverbunden realistische Seinsfeststellungen traditionellen Sollenspostulaten gegenüber, hat die Version vom Juni 2015 eine klare Option. Gegen ein voreiliges und statuarisches Sollen und für ein Hinschauen auf das Sein und einen barmherzigen Umgang mit dem Sein. Konsequent in allen Bereichen. Die Befürworter des alten Sollens gibt es noch. Sie werden auch mehrfach genannt, nicht namentlich, sondern als „die einen", oder „die eine Position". Aber es gibt genauso die anderen. Und das Fazit fällt in der Regel im Sinne dieser anderen aus.

Wer meint, dass sich Kirche nicht oder nur in Zeitlupe bewege, sollte beide Versionen lesen. Kirche bewegt sich knapp unter der erlaubten Höchstgeschwindigkeit und für manche subjektive Wahrnehmung deutlich darüber. Auch in Sachen Frauen.

In den vorliegenden Anmerkungen sollen daher beide Versionen in den für unser Thema relevanten Punkten betrachtet und kommentiert werden. Der Vergleich macht sicher.

(K)ein Frauendokument

Instrumentum laboris ist kein Frauendokument. Nirgends werden Meditationen über Rolle und Wesen der Frau abgehalten, keine Ratschläge und Warnungen werden exklusiv an Frauen gerichtet. In *Instrumentum laboris* sind Frauen selbstverständlicher Teil der komplexen pastoralen Realität und werden dort genannt, wo sie tatsächlich zu nennen sind, nämlich als alleinerziehende Mütter, Witwen, Geschiedene, Verletzte, alte Frauen, als durch sexuelle Ausbeutung und ungerechte patriarchale Strukturen gefährdete Menschen und in ihrer Gleichheit mit Männern.

Erst in Version 2.0 gibt es mit Kapitel 30 eine knappe Seite zur „Rolle der Frauen" – der Frauen, wohlgemerkt, nicht der Frau. Diese Pluralität wird betont, und zwar als Ergänzung zu den Wandlungen dank Emanzipation in der westlichen Welt – ganz ohne einschränkendes „Aber". Das „Aber" liegt eben darin, wie *Instrumentum laboris* ausführt, dass es in den meisten Ländern der Welt „schwierige Bedingungen" gibt, die als Ausbeutung und „gegen den Körper der Frau ausgeübte Gewalt", sogar in Familien, klar benannt werden. Diskriminierung findet statt, manchmal in alten, oft in neuen Formen, so die nüchterne Feststellung, deren Zusammenfassung im folgenden Satz aus jedem feministischen Grundsatzpapier stammen könnte: „Vielfach ist in der Tat das Frau-Sein Grund für Diskriminierung und auch das Geschenk der Mutterschaft führt oft eher zu Nachteilen, als dass es wertgeschätzt wird." (2015,29) Und daher, so der Abschluss des Kapitels zur Rolle der Frauen, sollte die Kirche doch mit gutem Beispiel vorangehen: „Eine größere Wertschätzung ihrer Verantwortung in der Kirche könnte zur Anerkennung der maßgeblichen Rolle der Frau beitragen: ihre Beteiligung an Entscheidungsprozessen, ihre nicht nur formale Teilnahme an der Leitung einiger Institutionen ...".

Kirche als Vorreiterin statt Nachhut. Die Frauen haben explizit nur eine knappe Seite, aber diese eine Seite macht

Instrumentum laboris 2.0 mehr zum Frauendokument als alle früheren klerikalen Epen.

Alles bestens? Besser, viel besser sogar im langjährigen Vergleich. Bestens vielleicht noch nicht, stellt man sich eine kirchenferne Leserin des Textes vor. Frauen sind, wie schon seit *Gaudium et spes*, fast ausschließlich familiäre Wesen. Der große Unterschied zu *Gaudium et spes* bis *Über die Zusammenarbeit von Mann und Frau* liegt darin, dass das Spektrum dessen, was diesen familiären Kontext ausmacht, deutlich breiter geworden ist und erstmals alte und behinderte Menschen beiderlei Geschlechts anspricht, aber vor allem in der ausführlichen Beschäftigung mit der Situation zerbrochener, prekärer und neu zusammengesetzter Familien. Geschieden wiederverheiratet sind auch Frauen, ohne Trauschein oder in Zivilehe zusammenlebend ebenso. Die Überlegungen von *Instrumentum laboris* 2.0 hierzu lesen sich um vieles anders und deutlich befreiender als jene der Vorgängertexte: Das Wort Sünde kommt gezählte sechs Mal vor und bei den beiden Malen, wo es in Zusammenhang mit den genannten Lebensformen begegnet, findet, wer richtig zu lesen versteht, durchaus ein kleines Fragezeichen. Das ist, gemessen an der bisherigen Tradition, beinah ein kleines Wunder. Das große Wunder, das manche erwartet hatten, nämlich eine positive Stellungnahme zu gleichgeschlechtlichen Partnerschaften, bleibt aus. Die giftigen Ausfälle und Berührungsängste aus der ersten Version sind gestrichen, die Ausführungen auf eine halbe Seite beschränkt, pastorale Aufmerksamkeit wird gefordert. Mehr geht nicht. Das betrifft natürlich nicht nur Frauen, sondern auch Männer und alles dazwischen. Es ist aber ein deutlicher Hinweis dafür, dass eine Auseinandersetzung mit den laut zu hörenden Anfragen an die traditionelle Anthropologie der Geschlechter verschoben wurde. Auch das trifft nicht nur Frauen, sie aber, wie wir aus der bisherigen Geschichte wissen, wesentlich stärker. Der theologische und philosophische Diskurs wurde abgesagt, bevor man ihn begonnen hat. Das ist, aus der Binnenperspektive und unter Kenntnis dessen, was hier bereits an Kampfansagen in Version 1.0 da war, gut so (siehe unten). Die Aufgabe einer erneuerten theologischen Anthropologie der Geschlechter war vermutlich aus Perspektive der Verfasser und Redakteure von 2.0 nachrangig im Vergleich zu einer Stellungnahme hinsichtlich der gefährdeten und gefährdenden Lebenswelten von Frauen weltweit nach dem Motto „Erst kommt die Gerechtigkeit, dann die Geschlechtertheorie". Leider stimmt das nicht, denn hinter Ungerechtigkeiten stehen Bilder von Hierarchien, welche diese legitimieren.

Trotzdem: *Instrumentum laboris* 2.0 ist ein Frauendokument, das sich nicht für das andere Wesen Frau, sondern für Frauen in vielen, wenn auch nicht allen Lebenszusammenhängen und -situationen einsetzt. Mehr geht manchmal, aber nicht immer und offenbar nicht jetzt.

Und die heißen Eisen?

Einige von ihnen sind bereits mit der Version 1.0 von 2014 einfach verschwunden. Allen voran das Wesen der Frau. Frau ist noch wesentlich, aber kein unveränderliches, spezielles Wesen mehr. Im Gegenteil, sie wird in ihrer Rolle und ihrem Verständnis als kulturell und gesellschaftlich veränderlich und verschieden begriffen. Verschwunden sind auch die entsprechenden attributiven Wunschvorstellungen von der

Frau als so ganz anderer Projektionsfläche von Opferbereitschaft, Demut, etc.

Noch erstaunlicher aber ist das plötzliche Verschwinden mancher Probleme von 2014 auf 2015, von 1.0 auf 2.0.
Oder zumindest eine radikale Entschärfung oder Abkühlung
der heißen Eisen. Es handelt sich um zwei sattsam bekannte
Themen, deren Veränderung binnen weniger Monate beach-
tenswert ist und mit Erstaunen im Folgenden dokumentiert
werden soll:

Erstens: Gendertheorie als Ideologie – ersatzlos gestrichen
Wir erinnern uns: Gender war schon 2004 böse. In *Instrumentum laboris* von 2014 war Gender noch böser und bescherte
den Lesern und Leserinnen einen kurzen Ausflug in einen
ideologischen Krieg, wie man ihn in der Kirche zuletzt gegen
den Kommunismus geführt hatte. Ein sehr kurzer Ausflug,
wie sogleich zu zeigen sein wird.

Das erste Mal Erwähnung findet Gender in 1.0 unter der
Überschrift „Problemanzeige hinsichtlich des Naturrechts
heute". Die (Selbst)erkenntnis zu dieser Überschrift ist zunächst bemerkenswert: „... erscheint heute in den verschiedenen kulturellen Kontexten das Konzept des ‚Naturrechts'
als solches sehr schwierig, wenn nicht gar unverständlich."
(2014,21) Endlich, seufzt man als Theologin. Doch dem Sein
oder eben Nicht-verstanden-Sein des Naturrechtskonzeptes
folgt kein anderes Sollen, sprich ein Überdenken des Festhal-
tens an einem Konzept aus einer längst vergangenen Epoche,
sondern nur die Ermahnung an die Theologen, das Naturrecht
doch mittels „Bezügen auf die biblische Welt" verständlich zu
machen. In diesem Kontext der Klage um das unverstande-

ne Naturrecht begegnet nun zunächst die Feststellung von Gesetzgebungen, „die im Gegensatz zu traditionellen Bestimmungen des Naturrechts stehen (zum Beispiel die In-vitro-Fertilisation, die gleichgeschlechtlichen Partnerschaften, die Manipulation am menschlichen Embryo, die Abtreibung usw.)" und weiter: „In diesem Zusammenhang stößt man auf die wachsende Verbreitung der als gender theory bezeichneten Ideologie ..." (2014,23)

Hier ist sie wieder, jene emotionale, von jeder argumentativen Logik entfernte Anklage gegen alles, was so manchen Vertreter der Kirche seit Neuestem oder schon länger stört: Das Zusammenleben von Menschen gleichen Geschlechts (inklusive sexueller Betätigung) hat nichts mit Abtreibung zu tun, vielleicht mit In-vitro-Fertilisation, aber eher nicht mit der medizinisch nicht näher ausgeführten Manipulation am Embryo. Es sei denn, man stellt sich ein lesbisches Pärchen vor, das sein in vitro zustande gekommenes Kind mit durch Genmanipulation blau gemachten Augen dann doch abtreiben lässt – ziemlich unwahrscheinlich.

Und 2015 in der Version 2.0 ersatzlos gestrichen. Man und noch mehr frau glaubt es kaum. Gender kommt im gesamten Text von 2015 nicht mehr vor. (Das Naturrecht übrigens auch nicht.) Weder als Theorie noch als Ideologie. Die wirklich peinliche Überlegung zur Erziehung – „... die Propagierung der Genderideologie, welche in einigen Regionen auch die Erziehung vom Kindergarten an zu beeinflussen sucht, indem sie eine Mentalität verbreitet, die mittels der Idee der Beseitigung der Homophobie in Wirklichkeit eine Umstürzung der sexuellen Identität beabsichtigt." (2014,114) – gestrichen. Die dahinter stehenden Angstfantasien der klerikalen Verfasser, die ihre Söhne jeden Tag im rosa Tüllröckchen an der Kindergartentür abliefern müssen, wo dann mit Barbiepuppen gespielt und „Tainted Love" gesungen wird. Gestrichen. Und wohl nicht nur, weil Kleriker keine Söhne haben und selbst wenn sie welche hätten, diese nicht in einen solchen (oder überhaupt einen) Kindergarten bringen würden.

Gestrichen schließlich das dritte, nicht minder seltsame Vorkommen des Begriffs, wo die Genderideologie verantwortlich gemacht wird für die „Empfängnisverhütungsmentalität", gipfelnd in dem Vorwurf, diese neige dazu „grundlegende Bestandteile der christlichen Anthropologie zu verändern, u. a. den Sinn des Körpers und der sexuellen Differenz, welche durch die Gender Orientierung ersetzt wird, bis hin zum Vorschlag einer Geschlechtsumwandlung." (2014,127) Zugegeben, diese Vorstellung kommentiert sich wirklich von selbst. Auch sie: Gestrichen. Komplett gestrichen.

Wer diese Angstfantasien und Suchbewegungen nach einer neuen bekämpfbaren Ideologie finden will, muss mit einem kleinen Absatz vorliebnehmen: „Schließlich ist an jene Theorien zu erinnern, nach denen die persönliche Identität und die affektive Intimität in einer Dimension gelebt werden sollen, die von der biologischen Verschiedenheit zwischen Mann und Frau radikal abgekoppelt ist." (2015,8). Nur wer hier die Version 1.0 kennt, weiß noch, dass dies der letzte Rest der großen Angst vor Gender ist.

So schnell kann es gehen: Der ideologische Kampf ist abgeblasen, bevor er richtig begonnen hat. Wer wirklich kämpfen will, findet genug Schauplätze in der ungerechten Welt von 2015, das macht *Instrumentum laboris* 2.0 unmissverständlich klar. Und vielleicht ist die Unordnung der Geschlechter sogar für manche Kleriker mittlerweile Teil der Welt von heute, den man vorerst einmal kommentarlos zur Kenntnis nimmt.

Zweitens: Schon wieder, aber bald nicht mehr – Sex
Bitte nicht schon wieder! Am besten, wir sagen die nächsten 100 Jahre kein Wort mehr zum Thema Sex. So denken und handeln nicht wenige klerikale und Laienmitarbeiter der katholischen Kirche. *Instrumentum laboris* von 2014 lässt uns wissen: Die Kirchenoberen wissen das. „... findet sich auch eine gewisse Unzufriedenheit bezüglich einiger Priester, die im Hinblick auf einige moralische Lehren indifferent erscheinen. Ihre mangelnde Übereinstimmung mit der Lehre der Kirche bewirkt Konfusion im Volk Gottes." (2014,12)

Die Verwirrung im Volk Gottes wäre wohl noch größer, würden die Priester tatsächlich jeden zweiten Sonntag ihre Predigt dem Thema erlaubte und verbotene Formen von Sexualität unter besonderer Berücksichtigung der Empfängnisverhütung widmen. Zumal selbst *Instrumentum laboris* eingesteht, dass „die Paare im Allgemeinen den Gebrauch der Empfängnisverhütungsmittel nicht als Sünde betrachten." (2014,129) Lapidarer und deutlicher kann man den aktuellen Stand in Sachen Sex und Kontrazeption nicht mehr zusammenfassen.

Dennoch und (leider) gerade deshalb widmet das Dokument in seiner ersten Version dem Thema dreieinhalb Seiten, die es nicht bei einer Feststellung des Ist-Zustandes belassen oder gar über einen neuen Zugang nachdenken, sondern die bereits 1968 umstrittenen Entscheidungen von *Humanae vi-*

tae in das Jahr 2014 zu retten versuchen. Allerdings in einer geschlechtergerechten Variante, denn nirgends ist mehr von der Schutzbedürftigkeit der Frau vor dem männlichen Trieb die Rede, nur davon, dass beide Geschlechter ohne schlechtes Gewissen verhüten.

Und genau hier, nämlich beim Gewissen, setzt die Version von *Instrumentum laboris* vom Juni 2015 ein bzw. endet sie. Es gibt in der Kirche zwei Meinungen, wird unmissverständlich festgehalten, die einen plädieren für „objektive moralische Anweisung", die anderen für „die Rolle des Gewissens". Und letztlich, ohne die erste Position offen zu desavouieren, siegt das Gewissen: „Die Zusammenführung der beiden Aspekte, die mit der Begleitung eines kompetenten geistlichen Führers gelebt wird, könnte den Eheleuten dabei helfen, Entscheidungen zu treffen, die zutiefst menschlich sind und dem Willen des Herrn entsprechen." (2015,137)

Das war es. Natürlich, *Humanae vitae* wird erwähnt, *Humanae vitae* wird gelobt, aber de facto – nun ja. De facto sind wir jetzt dort, wo wir in der Realität schon seit Jahrzehnten sind.

Von der euphorischen Aufforderung, doch mehr über die kirchliche Lehre zur Empfängnisverhütung zu sprechen, ist der lapidare Satz geblieben: „Es wurde darauf aufmerksam gemacht, dass weiterhin die Dokumente des Lehramtes der Kirche bekannt zu machen sind, welche ... die Kultur des Lebens fördern." (2015, 134) Wer unbedingt will, kann ja darüber predigen. Sinnvoller aber wäre, auch daran lässt *Instrumentum laboris* 2.0 keinen Zweifel, sich für anderes zu engagieren – zum Beispiel für verwaiste und vernachlässigte Kinder, deren Adoption auf der einen Seite, die zum

Thema Sex und Verhütung geblieben ist, ein Absatz gewidmet wird.

Diese Veränderung binnen weniger Monate, von 1.0 zu 2.0, haben wohl nur besonders optimistische oder äußerst fromme und damit dem Heiligen Geist vertrauende Gemüter erwartet.

Wenn der weibliche Körper noch des Schutzes bedarf, dann nicht vor der Pille, sondern vor den realen Gefahren der postmodernen Welt, die *Instrumentum laboris* mit Deutlichkeit und Wut benennt.

Die Heilige Familie als Zukunftsmodell

„Fast einhellig ... wird die Bedeutung der Familie von Nazareth als Modell und Beispiel der christlichen Familie unterstrichen." Heißt es in *Instrumentum laboris* 2014. (2014,36) Zerbrechen wir nicht genau an dieser unrealistischen Vorgabe, dieser scheinheiligen Idylle der heilen katholischen Familie? Ja, natürlich. *Instrumentum laboris* ist in beiden Versionen, deutlicher aber in der zweiten, eine ausführliche Dokumentation dieses Zerbrechens und Scheiterns. Ist es also zynisch, wenn auch noch 2015 der Text mit einer Anrufung von Jesus, Maria und Josef endet: „Wir vertrauen die Arbeiten der nächsten Synodenversammlung der Heiligen Familie von Nazareth an, die uns ,verpflichtet, die Berufung und die Sendung der Familie, jeder Familie, neu zu entdecken.'" (2015,147)

Es ist gar nicht zynisch, wenn wir genau lesen.

Die Rede ist weder 2014 noch 2015 von der heilen Familie, sondern von der heiligen. Das ist ein großer Unterschied. Sehen wir uns doch das biblische Vorkommen der Heiligen

Familie nüchtern an: Maria, ein sehr junges, aber in ihrem kulturellen Kontext heiratsfähiges Mädchen, das auf von außen betrachtet ungeklärtem, aber nicht den moralischen Normen der Zeit entsprechendem Weg schwanger wird. Josef, in der Bibel unbestimmten Alters, in der Tradition so alt, dass ihm die unterstellte Enthaltsamkeit nicht allzu schwer gefallen sein dürfte. Die beiden heiraten letztlich doch, Josef wohlwissend, dass seine Zukünftige das Kind eines anderen, den er nur vom Hörensagen kennt, mitbringen wird. Präklassische Patchworkfamilie eben. Dann folgt ein politischer Verfolgung im Heimatland geschuldeter Auslandsaufenthalt (man weiß ja, dass Migration in dieser Gegend der Welt an der Tagesordnung ist), schließlich die Rückkehr in die Heimat, wo wir über das genaue Eheleben aus der Bibel nichts weiter wissen, außer dass man sich gemeinsam auf Wallfahrt begeben hat. Besonders präsent und prägend scheint der angeheiratete Stiefvater für Marias Sohn jedenfalls nicht gewesen zu sein. Jesus, wie bei einem Kind aus solchen Familienverhältnissen nicht anders zu erwarten, kein ganz pflegeleichtes Exemplar. Setzt sich kurzerhand während der Wallfahrt ab und bleibt einfach dort, anstatt mit zurückzugehen. Man oder vor allem Mutter stelle sich das in dieser Gegend und ohne Smartphone einmal vor. Und dann bekommen sie und der treu sorgende Patchworkvater noch zu hören, dass das Kind auf der Suche nach seinem richtigen Vater sei und dessen Haus nun eben gefunden habe. In einer heilen katholischen Familie wäre so etwas nicht passiert. Und da Jesus offenbar das elterliche Vorbild dieser heilen Familie abgeht, heiratet er selbst auch nicht, sondern zieht ohne zertifizierten Abschluss herum. Die seltenen Familientreffen verlaufen auch nicht unbedingt harmonisch – „Frau, was habe ich mit dir zu schaffen" (Joh 2,4): Welche Mutter lässt sich das schon gerne sagen, und welcher Sohn, der weiß, wie sehr das Wesen der Frau in ihrer Mütterlichkeit besteht, kränkt seine Mama derart? Auch ist er etwa zu Weihnachten und Ostern nicht regelmäßig zu Hause, und letztlich nimmt es mit ihm sogar ein böses Ende. Er kommt in Konflikt mit der religiösen und staatlichen Obrigkeit, was (wir erinnern uns, diese unsichere Weltgegend dort unten, drüben, jenseits Europas) letal endet und zu einer herzzerreißenden Szene führt, die zwar Kunstgeschichte gemacht hat, aber wohl nicht als Modell für jede Mutter-Sohn-Beziehung dienen sollte (nein, hoffentlich für keine mehr, zu keiner Zeit).

Ich kenne gar nicht so wenige liebe Kollegen, Studenten und noch mehr brave Katholiken, die eine derartige Familienbiografie als abschreckendes Beispiel für den Verfall der heilen Welt und die fundamentale Unordnung der Postmoderne zitieren würden.

Genau deshalb eignet sich die Heilige Familie in der Tat als Modell und Beispiel der christlichen Familie in der Gegenwart. Jesus, Maria und Josef sind keine Posterfamily für Sparkasse und Milchpackung, und schon gar nicht für konservative Werbeflyer. Diese Familie ist nicht heil, weil die Welt, in der sie gelebt haben, genauso wenig heil war wie unsere Welt heute. Sie ist heilig, weil sie entgegen den herrschenden Normen und Konventionen sich überhaupt traut, eine Familie zu werden und weil sie einander doch irgendwie aushalten, Josef den übermächtigen, absenten Kindsvater als Schatten und Maria ihren Sohn, über den sie beim Kaffeekränzchen nur selten das erzählen kann, was andere Mütter über ihre Sprösslinge gerne zum Besten geben, der sie fast verleugnet und letztlich darauf vertraut, dass die Mutter da sein wird, wenn alle anderen weg sind. Und Jesus, der sich in seiner Besonderheit und zwischen wirklichem Vater, Stiefvater und Mutter zurechtfindet und sich nicht einfach von allen verabschiedet. (Nein, das ist jetzt wirklich keine Häresie, sondern salopp formulierte Christologie). Heiligkeit hieß nie, den im Moment etablierten Normen fraglos und selbstoptimiert zu entsprechen, und das gilt wohl für die Heilige Familie genauso.

Instrumentum laboris spricht über Familie heute in einer Weise, dass Menschen innerhalb und außerhalb der Kirche diese Rede ernst nehmen können. Wie auch hinsichtlich der verschiedenen Lebensrealitäten von Frauen benennt das Dokument ganz klar die unterschiedlichen und keineswegs heilen Situationen von Familie: Einsamkeit, Druck der Arbeitswelt, Migration, häusliche Gewalt, und, ja, vielgestaltige neue Beziehungsgeflechte, die nicht selten auf ein Scheitern des ersten Anlaufs von Familie zurückgehen. Die vehemente Option für die Kinder, egal aus welchem familiären Kontext sie kommen, selbst aus solchem, mit dem sich die Kirche noch schwer tut, wäre es wert, innerhalb und außerhalb der Kirche gehört zu werden.

Nicht zu Unrecht sind viele Frauen nach wie vor misstrauisch gegen allzu heilige Vorbilder, vor allem wenn es um Frauen als Ehefrauen und Mütter geht, und sie wehren sich gegen ein Scheitern am unerreichbaren Ideal. Die Heilige Familie als Modell und im Kontrast zur kleinbürgerlichen Scheinheiligkeit könnte hier entlasten.

Andere Wesen?

Ausgerechnet jener Begriff, dessen philosophische und theologische Implikationen selbst Studierende der Theologie nur ungern und nur für die Metaphysikprüfung zu verstehen versuchen, ist der vielleicht wesentlichste Begriff für wirklich umfassende Änderungen im Themen- und Problemfeld Frauen und Kirche. Das Frauenbild der lehramtlichen Texte seit dem II. Vatikanum ist wesentlich geprägt durch die Annahme einer ontologischen Differenz der Frau, sprich durch ein unveränderliches Anderssein, das sich nicht nur in der Biologie, sondern auch im Denken, Handeln und Fühlen oder, besser gesagt, in der unterschiedlichen Ausprägung dieser drei Bereiche manifestiert. Der letztlich zugrunde liegende Begriff des Wesens ist aber nicht jener der klassischen mittelalterlichen Seinslehre, sondern dem bürgerlichen Geschlechterverständnis der Aufklärung und Romantik entnommen, welches die Frau als schützenswertes Wesen in die häusliche Sphäre verweist. Dieses einem speziellen historischen und kulturellen Kontext entnommene Bild wird insbesondere in den Texten der 1980er-Jahre, aber auch noch 2004 in *Über die Zusammenarbeit von Mann und Frau* ausgiebig rückprojiziert in die biblische Vergangenheit mit Maria als vollkommener Verkörperung dieses Ideals.

Es scheint auf den ersten Blick ein Leichtes, diese romantisch-ontologischen Reflexionen als für das reale Leben von Frauen in und mit der Kirche irrelevant abzutun. Aber nur auf den ersten Blick. Aus der Annahme eines unveränderlich anderen Wesens, aus dem, nun wirklich klassisch theologisch-teleologisch, ein Ziel und Zweck der Frau abgeleitet wird, ergeben sich nämlich genau jene Problembereiche, in welchen es regelmäßig zu ideellen und auch realen Konflikten von Frauen in und mit der Kirche kommt und deretwegen viele Frauen sich von der Kirche bereits verabschiedet haben. Aus dem Postulat der Frau als immerwährend anderem Wesen folgert nämlich das katholische Lehramt seit dem II. Vatikanum zunächst die Unmöglichkeit einer Zulassung der Frau zum Weihesakrament. Zugegebenermaßen ohnehin nicht für jede Frau ein Thema, aber natürlich ein aufgelegtes Argument für alle Gegner der Kirche, wenn es um Gleichstellung und Gleichbehandlung geht. Alle Frauen hingegen betrifft die Zuschreibung von Mütterlichkeit als unvermeidbar wesentlich für ihre Existenz, und zwar in einer mitunter besonders detaillierten Ausfaltung dieser Mütterlichkeit als Opferbereitschaft, Demut, Hingabe, lauter Attribute wie sie dann im Umkehrschluss überhaupt das Wesen der Frau kennzeichnen. Auf dieser Basis ist es demnach nur logisch, Ansprüche auf Gleichberechtigung in allen Belangen als Revolte gegen das von Gott gegebene Wesen auszumachen und zu verurteilen. Endgültig zum Kampfplatz wird die Wesensfrage mit dem Aufkommen des akademischen Diskurses um theoretische Hintergründe zur Gleichberechtigung von Frauen, in der Kirche seit den 2000er-Jahren, sonst schon etwas früher, auch bekannt als Gendertheorie. Interessant ist zu beobachten, wie sich, dem unveränderlichen Wesen zum Trotz, die Kampflinien langsam verschieben und mittlerweile nicht Weniges, etwa die außerhäusliche Berufstätigkeit der Frau, stillschweigend als mit ihrem Wesen kompatibel angesehen wird und sogar implizit die Trennung von Geschlecht und Rolle (inklusive Metapher) Eingang in lehramtliches Denken gefunden hat.

Die Gendertheorie nach Judith Butler macht in extremis sichtbar, was im katholischen Alltag längst beobachtbar ist: Identität, auch Geschlechtsidentität, ist bei Weitem keine klar umrissene und festgefügte Größe mehr und schon gar nicht in den zwei einzigen Kategorien hetereosexueller Männlichkeit und Weiblichkeit präsent, wie es der Wesensbegriff der lehramtlichen Dokumente suggeriert und gerne hätte. Die Unordnung der Welt, von der sich nicht nur Männer in der Kirche bedroht sehen, gipfelt für sie und manche andere in der Unordnung der Geschlechter, der man zu gerne ein ewiges Wesen der Frau gegenübersetzen würde.

Ob sich Kirche und Theologie dadurch auszeichnen müssen, auf Ordnungskategorien einer zeitlich umgrenzten und vergangenen Periode zu setzen, oder vielleicht doch neue Formen andenken könnten, soll hier als offene Frage mit Wunsch nach Letzterem stehen bleiben.

Das Wesen der Frau scheint jedenfalls ausgestorben zu sein, in *Instrumentum laboris* gibt es weder das Wesen noch dessen spezielle deutsche Versprachlichung, die Fraulichkeit. Dafür aber überraschend viel Freiheit, ganz im Sinne des Einleitungszitates von Johannes Chrysostomos: „Wichtiger als das Wesen ist die Freiheit, und dies ist der Mensch eher als jenes."

Frau und Frauen

Die Frauen. Sagen sogar meine Männer an der Fakultät, wenn sie (fast) unter sich sind. „Da werden die Frauen aber dagegen sein." Oder an mich als einzige Frau in der Runde wird ganz selbstverständlich die Frage gerichtet: „Was werden denn die Frauen dazu sagen?" Meiner Einladung, doch einmal in die Arbeitsgruppe der Frauen- und Geschlechterforschung zu kommen, um zu hören, was die Frauen so sagen und dass jede etwas ganz anderes sagt, ist noch nie einer gefolgt. Vermutlich aus gutem Grund. Selbst für sehr nette Männer, die schön brav „und -innen" sagen, sind Frauen andere Wesen, die alle ein grundlegendes Wesen haben, eben das weibliche. Deshalb weiß auch eine Frau, was alle anderen denken werden.

Das Problem der unterschiedlichen Lebenswelten von Frauen im kirchlichen Kontext und umso mehr in der Gesellschaft findet seinen Nachhall in den Dokumenten seit dem II. Vatikanum. Zum einen spiegelt sich dies in einem gewissen Problembewusstsein, dass sich die kulturellen Kontexte in unterschiedlichen Ländern und Kontinenten doch beträchtlich unterscheiden. Zum anderen aber wird dieses Bewusstsein überhöht in dem Anspruch, für alle Frauen möglichst genaue Vorschriften zu machen. Voraussetzung dafür ist das vermeintliche Wissen darum, dass es letztlich nicht die Frauen, sondern die Frau gebe, ganz im Sinne der platonischen Ideenlehre. Besonders stark ist dieser Zugang zum Thema in den Dokumenten aus den 1980er-Jahren (*Familiaris consortio*, *Mulieris dignitatem*, und, schon den 1990er-Jahren zuzurechnen, *Ordinatio sacerdotalis*) sowie noch einmal 2004 in *Über die Zusammenarbeit von Mann und Frau* zu bemerken. Dieser Zugang begründet sich natürlich in der imaginierten Voraussetzung eines unveränderlichen weiblichen Wesens, das sich in allen Frauen verkörpere, entsprach aber, vom Paradies mangels pluraler weiblicher (und männlicher) Existenz abgesehen, nie der Realität von Frauen. Schon die alttestamentlichen Texte kennen äußerst differenzierte Frauenbilder und spiegeln mehrfach die unüberbrückbaren Differenzen zwischen Frauen aus verschiedenen Kulturen und sozialen Schichten wider. Dasselbe gilt dann für das Christentum, auch dort, wo wir im katholischen europäischen Kontext bleiben, sind Frauen durch soziale Zugehörigkeit und Bildung – und schließlich die Einteilung in geistliche und weltliche Lebensform (sprich Kloster oder Ehe) stark bestimmt und voneinander differenziert. Und letztlich gilt diese Pluralität genauso für das 18. und 19. Jahrhundert, das „weibliche Wesen" ist ein zutiefst bürgerliches und keine Bauernfamilie (und Familie meint hier den Hof, nicht Vater-Mutter-Kinder) hat nur im Entferntesten das Schiller'sche Ideal, das für *Mulieris dignitatem* und andere Texte Pate gestanden hat, verkörpert.

„Die Frau" ist selbst in Europa eine Abstraktion, die nicht einmal für die Biologie im weiteren Sinn aufrechterhalten werden kann – Frauenkörper spiegelten und spiegeln bis in ihr Innerstes (soll heißen, die Medikamente und Operationen, die ihnen zugeführt wurden) ihre Statuszugehörigkeit wider. Von der heute wirklich globalen katholischen Kirche und den Frauen in ihr gar nicht zu reden.

Ein klein wenig sind wir Frauen aber selbst schuld an der Wahrnehmung als eine verallgemeinerbare Entität. Gerade die frühe zweite Frauenbewegung und ihre Spezialform im kirchlichen Kontext betonte die Gemeinsamkeiten der Frauen im Sinne gemeinsamer Interessen und Ziele gegenüber einem als großem Männerblock bzw. als Männerkirche wahrgenommenen Gegenüber derart, dass die männliche Sichtweise von dem einen weiblichen Wesen nicht zwangsweise aufgebrochen werden musste. Der Kollektivsingular bietet sicherlich mehr Autorität („wir Frauen") als die individuelle weibliche Stimme. Dennoch ist die Pluralität weiblicher Lebenswelten bis hin zu Lebenswelten, die sich zwischen den Begehren und Geschlechtern bewegen, heute derart groß und unübersehbar, dass allgemeine Formulierungen weder von lehramtlicher noch feministischer Seite länger zielführend oder hilfreich sind. Der Pluralismus birgt natürlich im Geschlechterverhältnis gleichzeitig die Gefahr des *Divide et impera*, wie es von recht säkularen Männern praktiziert wird in dem Sinn, dass gute gegen schlechte, genehme gegen weniger genehme Frauen ausgespielt werden. Hier gilt es, weibliche Solidarität zwischen verschiedenen Individuen einzuüben, anstatt sich einem männliche Dualismus oder Monismus zu unterwerfen. Das Thema Kirche und Frau gibt es im Jahr 2015 wirklich nicht mehr. Kirche und Frauen schon.

Frauen, Kirche und die Welt von heute

Alle Konzilstheologen und ihre Erben beschwören das berühmte Wort von der „Kirche in der Welt von heute". Umgekehrt ist der häufigste Vorwurf an die katholische Kirche,

„von gestern" zu sein. Die Darstellung und Vorstellung von Frauen in lehramtlichen Texten bieten sich als ziemlich verlässlicher, aber manchmal überraschender Indikator für die Verortung auf der Skala von heute bis gestern oder sogar in Richtung morgen an. Es ist ungerecht, von klerikalen Männern mehr zu verlangen als von ihrem jeweiligen kulturellen und geschichtlichen Kontext – es sei denn, man nimmt ein unveränderliches superiores männliches Wesen an, aber das tun nicht einmal lehramtliche Dokumente. Dementsprechend wird man so manche Aussage von 1965 aus heutiger Sicht zwar als veraltet und sexistisch, aber nicht als mehr veraltet und sexistisch denn im profanen Kontext (James Bonds Männergespräch) beurteilen dürfen. Umgekehrt darf man oder frau zugegebenermaßen überrascht und erfreut sein, wenn sich, wie im frühesten Text aus 1963, Äußerungen zum Thema Frauen finden, die ihrer Zeit inner- und außerkirchlich sogar voraus sind (ernst genommen hätte es schon 1963 geheißen: Ende der Männergespräche). Zugleich ist, sofern man mit dem Konzil einsteigt, auch das Zuvor, also das Vorgestern mitzubedenken, um den Graben zwischen Gestern und Heute im Geschlechterrollenbild von *Gaudium et spes* zu verstehen: Im Vergleich zur *Summa Theologiae moralis* davor war es ein Fortschritt. Die kirchliche Uhr beginnt 1968 weithin sichtbar nachzugehen: Mit *Humanae vitae* entfernt sich die kirchliche Lehre von der neuen Lebensrealität von Frauen und auch deren männlichen Partnern, indem sie in einer idealisierten Zeit vor 1968 stehen bleibt, wo Frauen noch ganz andere, schützenswerte Wesen sind, den männlichen Trieben hilflos ausgeliefert, wenn nicht die katholische Kirche diese wenigstens durch die Angst vor Alimenten im Zaum hält. Die

Angst vor weiblicher Autonomie und dem Ende der Männergespräche ist klarerweise nicht eine exklusiv kirchliche Angst. Spätestens in den 1980er-Jahren erfährt diese Angst vor dem Verlust nicht nur der Hoheit in den Schlafzimmern, sondern auch des behaglichen Heimes vielfältigen Ausdruck in der Populärkultur, wo zwar keine Wesensdiskussionen stattfinden, dafür aber die der Kirche gerne unterstellte Schwarz-Weiß-Zeichnung von Frauen in Jungfrau/Mutter und Hure in allen giftigen Farbtönen, die Technicolor hergibt, erblüht. Freilich mit überschaubarem Erfolg, werden doch autonome, erfolgreiche Frauen in Fiktion und Wirklichkeit immer häufiger und damit ein wenig selbstverständlicher, während die Kirche zumindest auf der Ebene des Lehramtes verstärkt ein rückwärtsgewandtes Frauenbild beschwört. Die Warnungen und Verurteilungen in diesen Beschwörungen lassen indes deutlich darauf schließen, wie gut man in Rom um die feministischen Diskurse in der Theologie und deren Rezeption gesellschaftlicher Entwicklungen wusste. Die Texte sind letztlich Indikatoren dafür, dass die Kirche in der Welt der 1980er- und 1990er-Jahre lebt, vielleicht weit mehr als hätte sie das Thema Frauen einfach totgeschwiegen. Dasselbe gilt für das bislang letzte ausführliche Schreiben, nämlich aus dem Jahr 2004: Rom kennt das Heute, Rom liest die Theorien zu Frauen und Geschlechterkonstruktionen heute, Rom lehnt diese ab. Die Kirche ist von 1968 bis 2004 in Sachen Frauen nicht von gestern, sie erfindet ein imaginäres Immer, das weder gestern noch heute ist. Zumindest gilt das für das große Bild. In den Details verstecken sich, für Liebhaber von Suchbildchen, doch kleine Veränderungen, die es lohnt, näher anzuschauen: Die Kenntnis der jeweils aktuellen

Theorien, die man ablehnt, ist eine davon, die Wandlung des Zugangs zur Vereinbarkeit von Beruf und Familie, sprich außerhäuslicher weiblicher Erwerbstätigkeit, eine andere. Und 2015 ist der größere Teil des Bildes bereits neu, nur einige große Flecken sind vom alten Bild sichtbar geblieben. Das Problem war und ist zweifelsohne, dass der profane Rahmen des kirchlichen Frauenbildes ästhetisch immer weniger dazu gepasst hat. Waren Rahmen und Bild 1965 noch recht harmonisch, wurde der Rahmen immer moderner – von hippiesken Blumenmustern über neonfarbige Ecken zum dezenten Grau und neoexistenzialistischen Schwarz –, das Bild blieb aber weitgehend im Nazarenerstil. 2015 ist der Rahmen völlig uneinheitlich in Global Art gehalten, und das Bild passt gar nicht so schlecht dazu in seiner Uneinheitlichkeit.

Es gibt zumindest viele verschiedene Frauenbilder, nur dort, wo die Frauen auch Männer oder sonst was sein könnten, wirklich andere Wesen womöglich, haben die klerikalen Betrachter noch Schwierigkeiten. Wenn also die Frauen Indikator für die Kongruenz von Kirche und jeweiligem Heute sind, dann liegen wir mit *Instrumentum laboris* irgendwo bei 80 bis 90 Prozent. Tendenz hoffentlich steigend.

Geschichte und fromme Geschichten

Wenige Zugänge zu den hier vorgestellten Dokumenten sind so sinnlos wie ein wissenschaftlich-historischer. Oder besser gesagt: Eine fachliche Auseinandersetzung mit dem Umgang mit biblischer Geschichte, Kultur- und Kirchengeschichte von *Gaudium et spes* bis *Instrumentum laboris* 1.0 auf der Basis profaner und theologischer Geschichtswissenschaften. Derartige akademische Enthaltsamkeit ist nicht einfach, berufen sich doch alle Dokumente, manche sogar in erheblichem Umfang, auf die Geschichte. „Von Anfang an", „immer schon" sind beliebte Formulierungen, denen detaillierte Ausführungen unter reichlicher Zitation von Bibelstellen folgen, wie es denn so war mit Mann und Frau und deren Verbindung: Natürlich war es schon immer genau so, wie es die katholische Kirche im jeweiligen „Heute" vorschreibt. Selbst biblisch nur rudimentär und aus Volksschulzeiten Bewanderte wissen, dass es nicht immer „so" war. Mancher vorbildliche Erzvater hatte zwei Frauen, manche gefeierte Frau des Alten Testaments heiratete aus Staatsräson oder schlief aus ebendieser ohne Eheband mit einem Mann (dem sie auch noch den Kopf abschlug), die Evangelien sprechen herzlich wenig vom Ideal der christlichen Ehe, dafür aber nicht selten vom Ende traditioneller Familienbeziehungen angesichts des anbrechenden Reiches Gottes. Kaum einer der großen Theologen der ersten Jahrhunderte ist wirklich begeistert von der Ehe, sondern hält sie, wie Paulus, für die zweitbeste Lösung angesichts mangelnder Selbstbeherrschung. Und schließlich die gern zitierten heiligen Frauen: Für ihre glückliche Ehe und Gattenliebe ist kaum eine von ihnen heiliggesprochen worden, im Gegenteil erzählen uns ihre Viten häufig von der Flucht vor der Ehe in die Christusminne oder gar vom Gebet um ein baldiges Ende der Ehe. Das macht sie nicht weniger heilig, sondern zeigt uns nur, was die Ehe für Christinnen und auch für Christen bis in das 19. Jahrhundert in den allermeisten Fällen war: eine gesellschaftliche Notwendigkeit, der frau sich nur durch das Leben als gottgeweihte Jungfrau entziehen konnte und oft genug wollte. All die wunderschönen Bilder und Metaphern, welche ab *Gaudi-*

um et spes teilweise abundant zum Einsatz kommen, wenn es gilt, das Eheleben und die eheliche Vereinigung zu be- (oder wohl besser) umschreiben, wurden in der Tradition auch von Frauen gerne verwendet, um die Beziehung mit Christus in menschliche Sprache zu bringen.

Der noch so kleine Anspruch auf einen historisch reflektierten Umgang mit den zitierten Texten in allen hier behandelten Dokumenten ist verfehlt und dementsprechend muss jede noch so akribische Aufarbeitung feministischer Theologie ungehört oder, besser gesagt, unrezipiert bleiben (gehört hat man sie sehr schnell in Rom, wie die Texte zeigen). Es geht nicht um Geschichte, sondern um Normen für die Gegenwart, welche in eine Tradition gestellt werden müssen, selbst wenn es diese Tradition in der Form nie gegeben hat. Geschichte als komplexer Prozess sozialer, politischer, wirtschaftlicher und zahlreicher anderer Faktoren ist das genaue Gegenteil von dem, was intendiert ist, wenn Beispiele aus der Geschichte zitiert werden. Ganz zu schweigen davon, dass historische Texte selbst nicht ein Geschehen abbilden, sondern dieses im besten Fall intentional wiedergeben, viel öfter aber im Fall religiöser Texte das Geschehene interpretieren oder gar erst Geschehen werden lassen, sprich Fiktion einfügen, um der eigenen Absicht zu dienen. Dies alles trifft nicht nur für biblische Texte oder Heiligenviten zu, auch Profangeschichte ist immer intentional, mitunter auch ideologisch und oft genug fiktional.

Das Problem liegt für die lehramtlichen Texte in genau dieser Erkenntnis und den logischen Schlussfolgerungen: Geschichte als Geschehen und damit Veränderung auch von Lebensformen oder, noch schlimmer, den Konzepten von Lebensformen, die mit einer bestimmten Absicht verschriftlicht werden, soll eben mit dem Verweis auf eine ungebrochene und immerwährende Tradition als falscher Ansatz abgetan werden. Am deutlichsten wird dies dort, wo man sich gegen Geschlecht (auch) als Produkt historischer Gegebenheiten verwahrt und die immer gleiche Natur von Mann und Frau ins Feld führt. Geschichte und insbesondere biblische Geschichte und Heiligengeschichten sind nur dazu da, das Gleichbleiben der göttlichen Schöpfungsordnung zu demonstrieren. Oder, um mit Roland Barthes zu sprechen, Geschichte zu enthistorisieren und zu naturalisieren.

Für das Thema Frauen und Kirche liegt hier ein grundlegendes Problem. Wenn bestimmte Zuschreibungen, wie Frauen sein sollen und wie sie nicht sein dürfen, nicht als Zuschreibungen, sondern als mit der Schöpfung gegebene Konstanten gesehen werden, kann sich im wahrsten Sinn des Wortes nichts ändern. Wenn weiters Handlungsmöglichkeiten von Frauen in der Kirche durch dieses immer gleiche Sein bestimmt werden, müssen sie zwangsläufig beschränkt bleiben und bestimmte Ämter eine Denkunmöglichkeit.

Das ist ärgerlich, noch ärgerlicher wird es, zumindest für historisch gebildete Frauen (und Männer) nur dadurch, dass die Geschichte, die eben keine immerwährenden Konstanten zum Thema Frau, Geschlechterrollen und Theologie bzw. Kirche aufweist, zum Instrument der Beweisführung für das der Geschichte entzogene Wesen der Frau und Geschlechterbeziehung wird. Ärgerlich nicht nur wegen der unsachgemäßen Handhabung von Geschichte, sondern vor allem deshalb, weil gerade die Geschichte zahlreiche Bespiele für alternative Zugänge und Lebensmodelle von Frauen böte. Noch ärgerlicher aber deshalb, weil eben die historische Bedingtheit bestimmter Aussagen über (Mann und) Frau einen eleganten Fluchtweg zu neuen Möglichkeiten in der Sicht der Geschlechter eröffnete und damit ältere Formulierungen und Feststellungen nicht als falsch, sondern eben aus einer anderen Zeit stammend ihren Platz in der Tradition behalten könnten, ohne sie für die Gegenwart einzubetonieren.

Diese Barmherzigkeit einer Lektüre, welche den zeitgeschichtlichen Entstehungshintergrund berücksichtigt, kann umgekehrt Frauen beim Umgang mit lehramtlichen Texten entlasten, wie es dieses Buch versucht hat. Ausgerechnet jener Text, der Barmherzigkeit nicht nur als Füllwort verwendet, nämlich *Instrumentum laboris*, braucht sie nicht mehr. Die Geschichte ist nicht länger Steinbruch für Wunsch- und Angstfantasien, auch nicht für Disziplinierungsmaßnahmen. Die Kirche ist in der Gegenwart angekommen.

Sex

Kirchliche Texte über Frauen sind immer auch Texte über Sex. Ganz böse Gemüter mögen dies einfach damit erklären, dass zölibatäre Männer eben bei Frauen gleich an Sex denken, noch bösere werden einwenden, dass es dann entsprechende Texte über Männer genauso geben müsste.

Der innere Zusammenhang von „Frau" und „Sex" ist freilich weniger lustbetont, aber für das Thema Frauen und Kirche umso interessanter: Wo immer Frauen zum expliziten Gegenstand eines lehramtlichen Schreibens gemacht werden, geht es um ihre Existenz als Ehefrau und Mutter, der einzig legitim denkbaren Existenz, außer deren Überhöhung in der ausdrücklichen Ablehnung von Sex, der gottgeweihten Jungfräulichkeit. Texte über Frauen sind immer auch Texte über deren Sexualität, müsste der einleitende Satz präziser heißen, und noch präziser: über die Normierung weiblicher Sexualität.

Die Problematisierung des sexuellen Begehrens ist derart zum Konstitutivum des katholischen Christentums geworden, dass selbst die Werbeindustrie, aus kirchlicher Sicht wohl das Profanste vom Profanen, sie verinnerlicht hat und bei ihrer Klientel als derart bekannt voraussetzt, dass sich damit für Eis und andere Genussmittel werben lässt. Diese Problematisierung hat zu vielen interessanten Büchern, unglücklichen Existenzen (bzw. Büchern darüber) und Abwendungen von der katholischen Kirche geführt. Sie hat auch dazu geführt, dass das Objekt des Begehrens, in der Regel Frauen, von jenen, die es zum Problem machten, klerikalen Männern, ideeller Kampfplatz mit dem eigenen männlichen Begehren wurde.

Vor dieser Problemgeschichte und mit der Erkenntnis dieser eindeutigen Perspektive muss man die Texte seit dem II. Vatikanum lesen, in denen es um Ehe, Familie und, ja, Frauen, geht. Die bis ins Irreale überhöhte Spiritualisierung der ehelichen Intimität ist der gut gemeinte Versuch von Männern ohne nennenswerte oder genannte Erfahrung von Sexualität – und oft genug realer Frauen –, sich das Leben im Ehebett ganz anders vorzustellen als ihre eigenen Professoren und Beichtväter, aber nicht minder realitätsfremd. Frauen sind hier harmonischer Teil einer übernatürlichen Einheit, anstatt messbare Topografie des Ehezwecks und der Sünde wie vor dem Konzil, aber sie haben keine Stimme, geschweige denn eigene Gedanken und Worte zum Thema. Und ebenso ungefragt sind sie bald danach Mit- und Hauptschuldige beim Scheitern an diesem Ideal, als Geschiedene. Zur Gretchenfrage der Rechtgläubigkeit und damit zum fragwürdigen Symbol des Grabens zwischen lehramtlicher Theologie und Lebensrealität wird die weibliche Sexualität aber erst kurz nach dem Konzil, mit *Humanae vitae* – paradoxerweise, indem eben nicht das Offensichtliche, nämlich die Möglichkeit der Autonomie weiblicher Sexualität dank hormoneller Kontrazeption, verhandelt wird, sondern weibliche Sexualität und die Frau als sexuelles Wesen zur schützenswerten Spezies vor männlichen Trieben erhoben werden. Diese gedankliche Weigerung, Frauen als eigenverantwortliche Subjekte in ihrer Sexualität zu sehen und dies womöglich als Chance für ein gleiches Verhältnis der Geschlechter zu erkennen, ist die vielleicht überraschendste und zugleich vielsagendste Erkenntnis einer Lektüre lehramtlicher Dokumente vom Konzil bis heute.

Umgekehrt widerlegen alle diese Texte eine weitverbreitete Meinung über die katholische Kirche eindeutig: Weder werden Frauen grundsätzlich als Sünderinnen oder gar sündiger als der Mann gesehen noch als böse Verführerinnen tugendhafter Männer. Das Frauenbild der lehramtlichen Texte seit dem II. Vatikanum ist eben nicht jenes des „Hexenhammers", sondern der bürgerlichen Romantik. Dieses Bild schützenswerter weiblicher Sexualität verschwindet erst unmerklich mit *Instrumentum laboris*. Was bleibt, ist das Postulat der unauflöslichen Verbindung von Sexualität und Fortpflanzung, welches Frauen wieder mehr als Männer betrifft, sind die Folgen dieser Verbindung doch für sie als Mütter in ihrem weiteren Leben weit stärker spürbar als für Männer. Auch diese Konsequenz wird mitunter durchaus hellsichtig angesprochen und gesellschaftskritisch reflektiert.

Alternative Formen von sexuellem Begehren hingegen werden reichlich geschlechtsneutral und somit geschlechtergerecht verurteilt.

Der normative Zugang zum Thema Sexualität und das Beharren auf dem Verbot künstlicher Empfängnisverhütung – vor dem Hintergrund eines aus der Zeit gefallenen Naturbegriffs – war und blieb bis in die jüngsten Texte eine Bruchlinie mit der Welt von heute und der Welt der allermeisten Gläubigen. An kaum einem anderen Punkt wird diese Bruchlinie derart deutlich und von einigen in der Kirche als bewusste Sollbruchstelle zur gottlosen Postmoderne inszeniert.

Wenn indes die aktuelle Version von *Instrumentum laboris* in diesem Punkt so bleibt und die Überlegungen dazu Eingang in den Endtext finden, dann ist alles bisher Gesagte im Präteritum zu lesen. Es gibt sie noch, die Vertreter der „objektiven moralischen Anweisung", aber es gibt auch die anderen, die den Machtverlust über die Schlafzimmer der Gläubigen als Chance begreifen, vielleicht wieder einmal über Sex zu reden, aber in den Kontexten der Gegenwart und im herrschaftsfreien Diskurs. Das muss nicht das Ende von Sitte und Moral sein, sondern im besten Fall ein Neuanfang. Das würde Frauen in der Kirche im Umgang mit dem Thema Sexualität helfen. Und den Männern genauso.

Macht und Machtverlust

Lehramtliche Schreiben sind Machtdemonstrationen. Versuchte Machtdemonstrationen, muss man seit dem II. Vatikanum dazusagen, denn die reale Macht über die Gläubigen ist seit den 1960er-Jahren rapide im Schwinden begriffen. Lehramtliche Schreiben der vergangenen Jahrzehnte sind daher zugleich Dokumente des Machtverlustes. Dies gilt für keinen Bereich stärker als für jenen der Sexualität und der Geschlechterrollen. Allein die ostentative Betonung, dass es in der Frage nach der Rolle der Frau nie um Macht gehen dürfe, bestätigt diese Deutung. Macht ist in katholischen Kreisen bis heute ein Tabuwort, das auszusprechen allein bereits zum Verdacht des Ordnungsbruches führt, vor allem wenn eine Frau dieses Wort in den Mund nimmt. Das Ersatzwort für Macht lautet Dienst: Die einen Diener Gottes bestimmen darüber, wie die anderen Diener dem gemeinsamen Herrn am besten dienen, und Frauen, so dürfen wir allen Texten entnehmen, dienen am besten dem Plan Gottes entsprechend, wenn sie heiraten und Kinder bekommen. Dieser Dienst kann sich gewissermaßen in metaphorischer Ausweitung des ehelichen und vor allem mütterlichen Dienstes auf das sogenannte öffentliche Leben erstrecken, aber keinesfalls auf jene Ämter in der Kirche, welche spirituelle Leitungsfunktionen inkludieren, sprich auf das Weiheamt. Dienen nämlich, so der Kern der Argumentation, könne man nur seinem Wesen entsprechend und dieses Wesen sei eben bei der Frau ein anderes.

Nirgends wird die Notwendigkeit einer Neukonzeption der theologischen Anthropologie deutlicher als beim Thema Frauen in der Kirche, zugespitzt in der Frage nach weiblicher Macht bis in die Führungsetagen, und nirgends ist die Chance auf Veränderung so gering wie hier. Allzu bequem gestaltet sich die Rückzugsmöglichkeit auf den Verweis des außereuropäischen Katholizismus, auf die Ökumene mit den Ostkirchen, ja, demnächst wohl auch auf den interreligiösen Dialog, wo man die Mitglieder und Gesprächspartner mit

Frauen in Weiheämtern verschrecken könnte. Ja, man könnte. Man sollte sogar, wenn Mann sein eigenes Schreiben aus 1963 ernst nimmt und den Vorbildcharakter des Christentums in Hinblick auf die Teilnahme der Frau am öffentlichen Leben konsequent weiterdenkt. Natürlich verschreckt es „machistische Kulturen", wie sie in den lehramtlichen Schreiben seit den 1980er-Jahren als Problem für die Verwirklichung der Würde der Frau kritisiert werden, wenn Frauen nicht nur in der profanen, sondern auch der kirchlichen Öffentlichkeit Ämter innehaben, die mit Leitungsfunktion und Macht verbunden sind.

Zynikerinnen mit Hang zur Sozialforschung könnten prognostizieren, dass Weiheämter für Frauen erst zugänglich sein werden, wenn diese keine Macht- sondern Ohnmachtspositionen sind, wenn das gesellschaftliche Prestige weg und die Scherbenhaufen da sind, die es wegzuräumen gilt. Damit träfen sich diese Zynikerinnen im Kern mit den lehramtlichen Texten: In solchen Ohnmachtspositionen hat sich das weibliche und mütterliche Wesen schließlich seit der Gottesmutter bestens bewährt.

Etwas weniger zynisch lässt sich prognostizieren: Das wird noch dauern. Vielleicht nicht mehr so lange wie bis vor *Instrumentum laboris* 2.0 gedacht. Aber spätestens dann, wenn es so weit sein wird, dass Frauen wirklich dieselbe Macht in der Kirche haben werden wie Männer, wird sich die langjährige theologische Anthropologie vom anderen weiblichen Wesen endgültig widerlegt haben – Frauen an der Macht sind weder besser noch anders als Männer. Vermutlich will Mann in der Kirche sich zumindest diesen Illusionsverlust noch ein wenig ersparen.

Mütter

Ein Streifzug durch die lehramtlichen Texte zum Thema Frauen hinterlässt so manchen Eindruck, einen aber vor allen anderen: Frauen sind Mütter, Frauen sollen Mütter sein und Mütter sind sakrosankt. Wo Frauen Mütter sind, wird großmütig über mögliche vorhergehende Sünden hinweggesehen, wie an der klaren Aufforderung zum Respekt vor alleinerziehenden Müttern zu sehen ist. „Die" Frau schlechthin, Maria, ist deshalb „die" Frau, weil sie Mutter eines speziellen Sohnes ist. Und solange Frauen Mütter sind, dürfen sie sogar auf die ideelle Unterstützung der Kirche im Beruf zählen, wenn sie Termine nach 17 Uhr verweigern. Umgekehrt gibt es nichts, was Frauen so übel genommen wird, wie die Verweigerung von Mutterschaft und Mütterlichkeit.

Es kommt nicht von ungefähr, dass in den ersten Jahrzehnten der feministischen Theologie nicht nur Marienbilder auseinandergenommen und, mehr oder weniger gelungen, neu zusammengesetzt wurden, sondern vor allem auch ideelle Mütter in der Tradition gesucht und gefunden, gleichzeitig aber Kleriker im Allgemeinen und die Verfasser lehramtlicher Texte im Besonderen eines Freud'schen Mutterkomplexes geziehen wurden. Beides nicht ohne Berechtigung und retrospektiv ein schöner Beweis dafür, wo wirklich der springende Punkt in der Problemzone von Frauen und Kirche liegt.

Mit der Gleichberechtigung hat man sich mittlerweile, so man sie nicht schon früh ehrlich begrüßt hat, irgendwann am Ende des alten Jahrtausends endgültig abgefunden, aber damit, dass Frauen keine Mütter sein wollen, und zwar nicht einmal mehr spirituell, wie man es den gottgeweihten Jungfrauen immer zugeschrieben hatte (in vielen Fällen begründet), kommt man nicht zurecht. Frau übrigens ebenso wenig, wie die jüngsten konservativen Aufbegehrenspamphlete von kaum der Pubertät entwachsenen Mädchen im deutschen Feuilleton zeigen. Natürlich erweist sich ein Teil der dem weiblichen Wesen in den lehramtlichen Texten zugeschriebenen Eigenschaften als durchaus passend, wenn es um den Ausschluss von Amtsmacht geht (Demut, beispielsweise). Aber mehr noch geht es um die Angst vor dem Verlust der Fürsorge und des Refugiums („Selbstlosigkeit"), und vor dem Verzicht auf Gegenrechnung für aufgewendete Zeit und versäumte Möglichkeiten und Gelegenheiten („Opferbereitschaft").

Wenn reichlich pathetisch davon die Rede ist, wie ohne Fraulichkeit die wahre Menschlichkeit den Bach runterginge (der letzte Teil war eine prosaische Paraphrase), stehen dahinter immer jene Verhaltensweisen und Eigenschaften, die häufig – und nicht nur in kirchlichen Texten – als mütterlich bezeichnet werden.

Umgekehrt darf man ganz unpathetisch festhalten: Das erwünschte Sollen differiert vom Sein. Weder hatten oder haben Frauen, nur weil sie Kinder bekommen (und vor 1968 oft wesentlich mehr, als sie haben wollten) all diese Eigenschaften und Verhaltensweisen, noch definieren diese Wesenszüge ausreichend jene Frauen, die sie tatsächlich haben, noch widersprechen sie anderen Eigenschaften wie Machtansprüchen, Fähigkeiten zur Amtsführung etc.

Mit dem Fokus auf die Frau in ihrer Potenzialität zur Mutterschaft (um noch einmal ein wenig scholastisch zu werden) nehmen kirchliche Texte auf zugegebenermaßen sehr eigene Weise einen Diskurs vorweg, der mittlerweile auch gesellschaftlich erbittert geführt wird. Können Frauen werden, was sie wollen, solange sie keine Mütter werden, oder ist es umgekehrt, und geht für Frauen heute fast alles, solange sie wenigstens noch Mütter werden (wollen)?

Die kirchliche Option, zumindest in den jüngeren Texten, ist klar die letztere. Berufstätigkeit ja, Macht und Verantwortung in der Öffentlichkeit ja, aber Mutter bitte auch ja. Bemerkenswert jedoch ist: Die böse Mutter, wie sie in medialen Rülpsern und in der kirchlichen und kirchennahen Praxis oft genug an die Wand gemalt wird (Karrieremutter, Kind mit Pizza vor dem Fernsehapparat), gibt es in den sonst durchaus wertenden Texten nicht. Wirklich nicht. Das ist insofern besonders bemerkenswert, als der populäre Diskurs wesentlich von der Unterscheidung in gute und böse Mütter lebt und die bösen Frauen, vor denen sich Mann publikumswirksam fürchtet, immer böse Mütter oder, noch häufiger, gar keine Mütter sind und auch nicht sein wollen.

Frauen werden nach wie vor als familiäre Wesen wahrgenommen, das ändert sich selbst mit der aktuellen Version von *Instrumentum laboris* nicht. Sie sind geschiedene Mütter, arme Mütter, Leihmütter, Großmütter, ehemalige Mütter, Adoptivoder Pflegemütter. Frauen, die Mutterschaft ohne kirchlich erkennbaren Grund ausschließen, werden heute noch des Individualismus und Egoismus geziehen. Frauen, die nicht Mütter werden wollen, sind eines der letzten Tabus in der sonst so gewandelten Sprache über Frauen in der Kirche.

Umgekehrt tut sich der theologische Diskurs von Frauen kaum derart schwer wie mit dem Thema Mütter. Alternative Frauenbilder und -rollen oder alternative Sexualitäten, die Mutterschaft auf dem bisher üblichen Weg ausschließen, werden durch die Fokussierung auf die Frau als Mutter fast verunmöglicht und damit eine alte Tradition des Christentums gekappt, die man/frau gerade erst in ihrer Fülle wiederentdecken wollte. Hinzukommt in der Praxis unvermeidlich der hinlänglich bekannte Graben zwischen Frauen mit Kindern und Frauen ohne Kinder. Wenig verunmöglicht einen weiblichen gemeinsamen Plural mittlerweile so sehr wie die Frage Mutter- oder Nicht-Muttersein.

Fazit: Die Frauenfrage ist im Kern eine Mütterfrage. Damit ist die Kirche wirklich in der Welt von heute und ihren Diskursen zu Hause und könnte, wenn sie ihre eigenen Texte ernst nimmt, einiges zu einem positiven Fortgang und einer Entzerrung der Schwarz-Weiß-Bilder von guten und schlechten Müttern beitragen. Das Grundproblem der Frau als anderem Wesen bleibt aber bestehen, solange dieses andere Wesen per se mütterlich und dies nach einer recht eingeschränkten Definition sein muss. Die Mütterfrage im Kern der Frauenfrage ist wohl nur durch eine sanfte Neudefinition und Erweiterung der Begrifflichkeit rund um das potenzielle und reale Kinderkriegen im Rahmen einer neuen Anthropologie wirklich verhandelbar. Sanft deshalb, weil zwar nicht alle Kleriker und schon gar nicht alle Verfasser lehramtlicher Schreiben Frauen halbwegs kennen, aber alle eine Mutter hatten oder haben, deren Verteidung ihnen, wie Papst Franziskus, etwas wert ist: „Wer meine Mutter beleidigt, erwartet einen Faustschlag."

Veränderungen

Ein alter Witz sagt, dass sich in der katholischen Kirche nichts ändert, außer Brot und Wein. Dieser Witz stimmt nicht. Er stimmt nicht, wenn man die Texte seit 1963 im Überblick liest, und er stimmt schon gar nicht, wenn man die Versionen von *Instrumentum laboris* von 2014 und 2015 vergleicht. Nach einem Jahr gibt es eilig aufgebaute Kampfzonen in Sachen Frauen und Kirche nicht mehr, siehe Gender. Sex und Sünde sind endlich nicht länger Hauptthema, weder für Frauen noch für Männer. Frauen sind selbstverständlicher Teil der Welt und der Kirche, und sie könnten dem Papier von 2015 folgend mithilfe der Kirche noch viel selbstverständlicher werden. Die Herausforderungen der Kirche in Bezug auf das Thema Familie sind in der Tat Herausforderungen für alle Beteiligten, keine versteckten Botschaften an die Frau, ihr spezielles Wesen vor den bösen Neuerungen der Postmoderne zu bewahren.

Die Angst vor Veränderungen, die zur Beschwörung eines unveränderlichen weiblichen Wesens geführt hat, lauert in der letzten Fassung des Arbeitspapiers für die Synode im Herbst 2015 nur noch in einigen versteckten Halbsätzen. Ansonsten scheint die Angst der Erkenntnis gewichen zu sein, dass die Veränderungen passieren, ob man sich nun davor fürchtet oder nicht, und dass kein Wesen oder Unwesen sie aufhalten kann.

Wer es als Frau bis jetzt in der Kirche ausgehalten hat, sollte bleiben, denn jetzt wird's erst richtig spannend.

Und die Männer?

Am Ende von derart vielfältigen Überlegungen zum Thema Frau, Frauen und Kirche anhand von Texten, die allesamt von Männern geschrieben wurden, bleibt eine Frage offen: Sind Männer womöglich unwesentlich? Immerhin gibt es kein eigenes Dokument, nicht einmal ein eigenes Kapitel, das uns Aufschluss über das spezielle männliche Wesen geben würde. Die Frage ist erkenntnistheoretisch und wissenschaftsgeschichtlich schnell geklärt. Männer sind das Allgemeine, die Norm, von der sich das Spezielle ableitet, siehe auch Thomas von Aquin. Männer sind eine Selbstverständlichkeit, Frauen offenbar nicht. Umgekehrt lässt sich aus den Wesensäußerungen über die Frau einiges über den Mann, um im ontologischen Singular zu bleiben, ablesen: Er ist triebgesteuert, schuld an der Unmenschlichkeit in der Welt, im öffentlichen Leben zu Hause, er darf Priester werden, so er dies nicht wird, sollte er Vater werden. Nach der Lektüre aller hier angeführten Texte bleibt der Mann ein seltsam unvollkommenes, wenig definiertes, fragmentiertes Wesen.

Das wäre aber ein anderes Buch.

Texte und Quellen

Behandelte kirchliche Texte
(in der Reihenfolge ihres Erscheinens)

Pacem in terris. Enzyklika
   http://w2.vatican.va/content/john-xxiii/de/encyclicals/documents/
   hf_j-xxiii_enc_11041963_pacem.html
Gaudium et spes. Pastorale Konstitution
   http://www.vatican.va/archive/hist_councils/ii_vatican_council/
   documents/vat-ii_const_19651207_gaudium-et-spes_ge.html
Humanae vitae. Enzyklika
   http://w2.vatican.va/content/paul-vi/de/encyclicals/documents/
   hf_p-vi_enc_25071968_humanae-vitae.html
Inter insigniores. Erklärung zur Frage der Zulassung der Frauen zum
   Priesteramt http://www.vatican.va/roman_curia/congregations/
   cfaith/documents/rc_con_cfaith_doc_19761015_inter-insigniores_
   ge.html
Familiaris consortio. Apostolisches Schreiben
   http://w2.vatican.va/content/john-paul-ii/de/apost_exhortations/
   documents/hf_jp-ii_exh_19811122_familiaris-consortio.html
Mulieris dignitatem. Apostolisches Schreiben
   http://w2.vatican.va/content/john-paul-ii/de/apost_letters/1988/
   documents/hf_jp-ii_apl_19880815_mulieris-dignitatem.html
Ordinatio sacerdotalis. Apostolisches Schreiben
   http://w2.vatican.va/content/john-paul-ii/de/apost_letters/1994/
   documents/hf_jp-ii_apl_19940522_ordinatio-sacerdotalis.html
*Über die Zusammenarbeit von Mann und Frau in der Kirche und in
   der Welt.* Schreiben an die Bischöfe der Katholischen Kirche
   http://www.vatican.va/roman_curia/congregations/cfaith/
   documents/rc_con_cfaith_doc_20040731_collaboration_ge.html
Instrumentum laboris. Arbeitspapier von 2014
   http://www.vatican.va/roman_curia/synod/documents/rc_synod_
   doc_20140626_instrumentum-laboris-familia_ge.html

Instrumenum laboris. Arbeitspapier von 2015
   http://www.vatican.va/roman_curia/synod/documents/rc_synod_
   doc_20150623_instrumentum-xiv-assembly_ge.html

Sonstige zitierte Werke

Texte (in alphabetischer Reihenfolge)

Judith Butler: Gender Trouble. Feminism and the Subversion of
   Identity, New York 1990. (dt.: Das Unbehagen der Geschlechter,
   1991)
Johannes Chrysostomos: In epistulam ad Colossos III, 8,1.
   In: Patrologiae Graecae cursus completus 62. Hg. v. J.-P. Migne,
   Paris 1862, Sp. 352 f.
Stephenie Meyer: Twilight, New York 2005 (dt.: Twilight – Bis(s) zum
   Morgengrauen, 2006)
H. Noldin / A. Schmitt: Summa Theologiae Moralis. De sexto
   praecepto et de usu matrimonii, Heidelberg / Barcelona 1945.
Friedrich Schiller: Würde der Frauen. Gedicht, zitiert nach:
   http://gutenberg.spiegel.de/buch/friedrich-schiller-gedichte-
   3352/226
Thomas von Aquin: Summa theologiae I. questio 92, in der Ausgabe
   S. Thomae Aquinatis opera omnia 2. Hg. v. Roberto Busa, Stutt-
   gart-Bad Cannstatt 1980.
Artikel „Wesen". In: Historisches Wörterbuch der Philosophie Bd. 12.
   Hg. v. Joachim Ritter / Karl Gründer / Gottfried Gabriel, 2004,
   Sp. 619–645.

Filme (in alphabetischer Reihenfolge)

Eine verhängnisvolle Affäre. (engl. Originaltitel: Fatal Attraction),
   Regie: Adrian Lyne, USA 1987. Interview mit Adrian Lyne zu
   Fatal Attraction: https://www.youtube.com/watch?v=ptoWCgKlLGs;
   das Zitat lautet im englischen Original: "The most terrifying things
   are those that are closest to home."
Goldeneye. Regie: Martin Campbell, GB 1995.

Goldfinger. Regie: Guy Hamilton, GB 1964.
Hochwürden Don Camillo. Regie: Carmine Gallone, I 1961.
The Simpsons. TV-Serie, USA 1989 – .

Songs

David Bowie: Golden Years, 1976.
Die Ärzte: Männer sind Schweine, 1998.

Dieses Buch folgt den Spuren Kardinal Franz Königs. Aus über 50 Gesprächen und umfassenden Recherchen entsteht ein Zeitdokument, das Zusammenhänge aufzeigt und Auswirkungen nennt, die bis in die Gegenwart reichen. Kardinal König war seiner Zeit in vielen Belangen weit voraus und traf in seiner Arbeit doch immer wieder auf Ängste und Widerstände.

Zeitzeugen und Wegbegleiter erinnern sich und sprechen offen über Hintergründe, brisante Themen und persönliche Begegnungen.

Thomas J. Nagy

KÖNIG · KAISER · KARDINAL
Auf den Spuren von
Kardinal Franz König

336 Seiten, Hardcover mit SU
€ 24,99 · ISBN 978-3-222-13489-0

styria premium

Wie wollen wir sterben? Und was heißt „Menschenwürde"
am Ende tatsächlich? Fragen nach dem Sinn des Lebens
und Leidens, dem Wert menschlichen Lebens und dem Tod
stehen hier im Mittelpunkt. Und die Antworten stammen
von Menschen, die sich täglich damit auseinandersetzen:
Palliativmediziner, Onkologe, Psychiater, Philosoph, Geria-
ter, Theologe, Patientenanwalt und Hospizbegleiter – sie beschreiben Wege, wie man mit den „Tabuthemen" Tod und
Sterben in einer modernen Gesellschaft verantwortungsvoll
umgehen kann.

Herwig Oberlerchner
Gerald Heschl (Hg.)

DEM MENSCHEN NAHE SEIN
Vom Umgang mit Leiden,
Würde und Sterben

168 Seiten, Hardcover mit SU
€ 19,99 · ISBN 978-3-222-13483-8

styria premium

ISBN 978-3-222-13512-5

styria

Wien – Graz – Klagenfurt
© 2015 by Styria Premium in der
Verlagsgruppe Styria GmbH & Co KG
Alle Rechte vorbehalten

Bücher aus der Verlagsgruppe Styria gibt es
in jeder Buchhandlung und im Online-Shop

styriabooks.at

Lektorat: Nicole Richter
Covergestaltung: Bruno Wegscheider
Coverfoto: cover: Raffael, Madonna Solly, de.wikipedia.org
Produktion und Gestaltung: Alfred Hoffmann

Druck und Bindung:
Druckerei Theiss GmbH, St. Stefan im Lavanttal
7 6 5 4 3 2 1
Printed in Austria